太極拳

陳小旺太極拳
(진소왕태극권)

目　　次

노가일로(老架一路)

✿ 제일단(第一段) ✿ ·················· 12

第一式・豫備勢(예비세)　　　第二式・金剛搗碓(금강도대)　　　第三式・懶扎衣(나찰의)
第四式・六封四閉(육봉사폐)　　第五式・單鞭(단편)　　　　　　第六式・金剛搗碓(금강도대)
第七式・白鶴亮翅(백학량시)　　第八式・斜行(사행)　　　　　　第九式・摟膝(누슬)
第十式・上三步(상삼보)　　　　第十一式・斜行(사행)　　　　　第十二式・摟膝(누슬)
第十三式・上三步(상삼보)　　　第十四式・掩手肱拳(엄수굉권)　第十五式・金剛搗碓(금강도대)
第十六式・撇身捶(별신추)　　　第十七式・靑龍出水(청룡출수)　第十八式・雙推手(쌍추수)

✿ 제이단(第二段) ✿ ·················· 54

第十九式・肘底看拳(주저간권)　第二十式・倒捲肱(도권굉)　　　第二十一式・白鶴亮翅(백학량시)
第二十二式・斜行(사행)　　　　第二十三式・閃通背(섬통배)　　第二十四式・掩手肱拳(엄수굉권)
第二十五式・六封四閉(육봉사폐)第二十六式・單鞭(단편)　　　　第二十七式・運手(운수)
第二十八式・高探馬(고탐마)　　第二十九式・右擦脚(우찰각)　　第三十式・左擦脚(좌찰각)
第三十一式・左蹬一跟(좌등일근)第三十二式・上三步(상삼보)　　第三十三式・擊地捶(격지추)
第三十四式・踢二起(척이기)　　第三十五式・護心拳(호심권)　　第三十六式・旋風脚(선풍각)
第三十七式・右蹬一跟(우등일근)第三十八式・掩手肱拳(엄수굉권)

🏵 제삼단(第三段) 🏵 ·················· 104

第三十九式・禽打(소금타)	第四十式・抱頭推山(포두추산)	第四十一式・六封四閉(육봉사폐)
第四十二式・單鞭(단편)	第四十三式・前招(전초)	第四十四式・後招(후초)
第四十五式・野馬分鬃(야마분종)	第四十六式・六封四閉(육봉사폐)	第四十七式・單鞭(단편)
第四十八式・玉女穿梭(옥녀천사)	第四十九式・懶扎衣(나찰의)	第五十式・六封四閉(육봉사폐)
第五十一式・單鞭(단편)	第五十二式・運手(운수)	第五十三式・雙擺蓮(쌍파련)
第五十四式・跌岔(질차)	第五十五式・金鷄獨立(금계독립)	

🏵 제사단(第四段) 🏵 ·················· 138

第五十六式・倒捲肱(도권굉)	第五十七式・白鶴亮翅(백학량시)	第五十八式・斜行(사행)
第五十九式・閃通背(섬통배)	第六十式・掩手肱拳(엄수굉권)	第六十一式・六封四閉(육봉사폐)
第六十二式・單鞭(단편)	第六十三式・運手(운수)	第六十四式・高探馬(고탐마)
第六十五式・十字脚(십자각)	第六十六式・指膽捶(지당추)	第六十七式・猿猴獻果(원후헌과)
第六十八式・單鞭(단편)	第六十九式・雀地龍(작지룡)	第七十式・上步七星(상보칠성)
第七十一式・下步跨肱(하보과굉)	第七十二式・雙擺蓮(쌍파련)	第七十三式・當頭砲(당두포)
第七十四式・金剛搗碓(금강도대)	第七十五式・收勢(수세)	

目　　次

노가이로(老架二路)

❀ 제일단(第一段) ❀ ······················ 178

第一式・豫備勢(예비세)　　　　第二式・金剛搗碓(금강도대)
第三式・懶扎衣(나찰의)　　　　第四式・六封四閉(육봉사폐)
第五式・單鞭(단편)　　　　　　第六式・護心拳(호심권)
第七式・斜形(사형)　　　　　　第八式・回頭金剛搗碓(회두금강도대)
第九式・撇身拳(별신권)　　　　第十式・指襠(지당)
第十一式・斬手(참수)　　　　　第十二式・翻花舞袖(번화무수)
第十三式・掩手肱拳(엄수굉권)

❀ 제이단(第二段) ❀ ······················ 213

第十四式・腰攔肘(요란주)　　　第十五式・大肱拳小肱拳(대굉권소굉권)
第十六式・玉女穿梭(옥녀천사)　第十七式・倒騎龍(도기룡)
第十八式・掩手肱拳(엄수굉권)　第十九式・裹變裹變(과변과변)
第二十式・獸頭勢(수두세)　　　第二十一式・披架子(피가자)
第二十二式・翻花舞袖(번화무수)第二十三式・掩手肱拳(엄수굉권)

🏵 제삼단(第三段) 🏵 242

第二十四式・伏虎(복호)	第二十五式・抹眉肱(말미굉)
第二十六式・黃龍三攪水(황룡삼교수)	第二十七式・左衝(좌충)
第二十八式・右衝(우충)	第二十九式・掩手肱拳(엄수굉권)
第三十式・掃堂腿(소당퇴)	第三十一式・掩手肱拳(엄수굉권)
第三十二式・全炮捶(전포추)	第三十三式・掩手肱拳(엄수굉권)

🏵 제사단(第四段) 🏵 266

第三十四式・搗叉搗叉(도차도차)	第三十五式・左二肱右二肱(좌이굉우이굉)
第三十六式・回頭當門炮(회두당문포)	第三十七式・窩底大捉炮(와저대착포)
第三十八式・腰攔肘(요란주)	第三十九式・順攔肘(순란주)
第四十式・窩底炮(와저포)	第四十一式・回頭井攔直入(회두정란직입)
第四十二式・金剛搗碓(금강도대)	第四十三式・收勢(수세)

노가일로 (老架一路)

진소왕태극권(陳小旺太極拳)

동 작 명 칭

第 一 式 · 豫備勢 ……… 12	第 十一 式 · 斜行 ……… 38
(예비세)	(사행)
第 二 式 · 金剛搗碓 ……… 14	第 十二 式 · 摟膝 ……… 38
(금강도대)	(누슬)
第 三 式 · 懶扎衣 ……… 18	第 十三 式 · 上三步 ……… 38
(나찰의)	(상삼보)
第 四 式 · 六封四閉 ……… 20	第 十四 式 · 掩手肱拳 ……… 41
(육봉사폐)	(엄수굉권)
第 五 式 · 單鞭 ……… 23	第 十五 式 · 金剛搗碓 ……… 43
(단편)	(금강도대)
第 六 式 · 金剛搗碓 ……… 25	第 十六 式 · 撇身捶 ……… 46
(금강도대)	(별신추)
第 七 式 · 白鶴亮翅 ……… 29	第 十七 式 · 靑龍出水 ……… 49
(백학량시)	(청룡출수)
第 八 式 · 斜行 ……… 31	第 十八 式 · 雙推手 ……… 51
(사행)	(쌍추수)
第 九 式 · 摟膝 ……… 34	第 十九 式 · 肘底看拳 ……… 54
(누슬)	(주저간권)
第 十 式 · 上三步 ……… 35	第 二十 式 · 倒捲肱 ……… 56
(상삼보)	(도권굉)

노가일로(老架一路)

第二十一式 • 白鶴亮翅 ……… 61 (백학량시)	第三十一式 • 左蹬一跟 ……… 86 (좌등일근)
第二十二式 • 斜行 ……… 63 (사행)	第三十二式 • 上三步 ……… 88 (상삼보)
第二十三式 • 閃通背 ……… 65 (섬통배)	第三十三式 • 擊地捶 ……… 89 (격지추)
第二十四式 • 掩手肱拳 ……… 68 (엄수굉권)	第三十四式 • 踢二起 ……… 91 (척이기)
第二十五式 • 六封四閉 ……… 70 (육봉사폐)	第三十五式 • 護心拳 ……… 93 (호심권)
第二十六式 • 單鞭 ……… 72 (단편)	第三十六式 • 旋風脚 ……… 97 (선풍각)
第二十七式 • 運手 ……… 73 (운수)	第三十七式 • 右蹬一跟 …… 100 (우등일근)
第二十八式 • 高探馬 ……… 78 (고탐마)	第三十八式 • 掩手肱拳 …… 102 (엄수굉권)
第二十九式 • 右擦脚 ……… 81 (우찰각)	第三十九式 • 小擒打 ……… 105 (소금타)
第 三 十 式 • 左擦脚 ……… 84 (좌찰각)	第 四 十 式 • 抱頭推山 …… 108 (포두추산)

동 작 명 칭

第四十一式 • 六封四閉 ······ 110 (육봉사폐)		第五十一式 • 單鞭 ············ 127 (단편)	
第四十二式 • 單鞭 ············ 111 (단편)		第五十二式 • 運手 ············ 128 (운수)	
第四十三式 • 前招 ············ 112 (전초)		第五十三式 • 雙擺蓮 ········ 130 (쌍파련)	
第四十四式 • 後招 ············ 114 (후초)		第五十四式 • 跌岔 ············ 132 (질차)	
第四十五式 • 野馬分鬃 ······ 115 (야마분종)		第五十五式 • 金鷄獨立 ······ 133 (금계독립)	
第四十六式 • 六封四閉 ······ 118 (육봉사폐)		第五十六式 • 倒捲肱 ········ 138 (도권굉)	
第四十七式 • 單鞭 ············ 120 (단편)		第五十七式 • 白鶴亮翅 ······ 140 (백학량시)	
第四十八式 • 玉女穿梭 ······ 122 (옥녀천사)		第五十八式 • 斜行 ············ 141 (사행)	
第四十九式 • 懶扎衣 ········ 125 (나찰의)		第五十九式 • 閃通背 ········ 142 (섬통배)	
第 五 十 式 • 六封四閉 ······ 126 (육봉사폐)		第 六 十 式 • 掩手肱拳 ······ 144 (엄수굉권)	

노가일로(老架一路)

| 第六十一式 • 六封四閉 …… 145
(육봉사폐) | 第七十一式 • 下步跨肱 …… 162
(하보과굉) |

第六十一式 • 六封四閉 …… 145
(육봉사폐)

第六十二式 • 單鞭 ………… 146
(단편)

第六十三式 • 運手 ………… 147
(운수)

第六十四式 • 高探馬 ……… 148
(고탐마)

第六十五式 • 十字脚 ……… 148
(십자각)

第六十六式 • 指膽捶 ……… 153
(지당추)

第六十七式 • 猿猴獻果 …… 156
(원후헌과)

第六十八式 • 單鞭 ………… 158
(단편)

第六十九式 • 雀地龍 ……… 160
(작지룡)

第 七 十 式 • 上步七星 …… 161
(상보칠성)

第七十一式 • 下步跨肱 …… 162
(하보과굉)

第七十二式 • 雙擺蓮 ……… 164
(쌍파련)

第七十三式 • 當頭砲 ……… 166
(당두포)

第七十四式 • 金剛搗碓 …… 168
(금강도대)

第七十五式 • 收勢 ………… 171
(수세)

제일단(第一段)

第 一 式 · 豫備勢(예비세)	第 十 式 · 上三步(상삼보)
第 二 式 · 金剛搗碓(금강도대)	第 十一 式 · 斜行(사행)
第 三 式 · 懶扎衣(나찰의)	第 十二 式 · 摟膝(누슬)
第 四 式 · 六封四閉(육봉사폐)	第 十三 式 · 上三步(상삼보)
第 五 式 · 單鞭(단편)	第 十四 式 · 掩手肱拳(엄수굉권)
第 六 式 · 金剛搗碓(금강도대)	第 十五 式 · 金剛搗碓(금강도대)
第 七 式 · 白鶴亮翅(백학량시)	第 十六 式 · 撇身捶(별신추)
第 八 式 · 斜行(사행)	第 十七 式 · 靑龍出水(청룡출수)
第 九 式 · 摟膝(누슬)	第 十八 式 · 雙推手(쌍추수)

第 一 式 豫備勢 (예비세)

구령 예비 (그림 7-1) : 입신중정(立身中正)하고 양쪽 눈은 평시(平視)한다. 입술은 가볍게 다물고 치아는 가볍게 합(合)한다. 얼굴은 남쪽으로 하여 북쪽을 등진다.

노가일로(老架一路) - 제일단

구령 1 (그림 7-2) : 몸을 서서히 하침(下沈)한다.

구령 2 (그림 7-3) : 왼발 뒤꿈치를 들어 올린다.

구령 3 (그림 7-4) : 왼발을 횡(橫)으로 열어 어깨와 같은 넓이가 되게 한다.

구령 4 (그림 7-5) : 왼발 뒤꿈치를 떨구어 내리고 중심(重心)은 양쪽 다리의 중간으로 옮긴다. 기(氣)는 단전으로 침하(沈下)한다.

❖ 요점 : 서되 (다리를)뻗쳐서 서지 않을 것이 요구된다. 정경(頂勁)을 이끌어 올리고 입술은 가볍게 다물고 치아는 약간 합(合)을 하며 아래턱을 약간 안으로 거두어들인다. 송견(鬆肩)·함흉(涵胸)·탑요(塌腰)를 하고 굴슬(屈膝)·송관(鬆髖)을 하여 심기(心氣)가 하강(下降)하도록 한다.

[그림 7-1]　　[그림 7-2]　　[그림 7-3]　　[그림 7-4]　　[그림 7-5]

第 二 式 金剛搗碓 (금강도대)

구령 1 (그림 7-6) : 양손을 천천히 들어 올려서 어깨와 같은 높이 같은 넓이가 되도록 한다.

구령 2 (그림 7-7) : 양손은 몸을 따라 하침(下沈)하여 배 앞에 떨군다.

구령 3 (그림 7-8·9) : 양손은 몸을 따라 약간 왼쪽으로 돌며 좌전방(左前方)의 위쪽을 향해 호(弧)를 그리며 어깨와 나란하게 한다. 왼손은 외선(外旋)으로 돌고 오른손은 내선(內旋)으로 돌면서이다. 중심(重心)은 오른쪽에 치우친다.

구령 4 (그림 7-10·11) : 몸을 먼저 약간 왼쪽을 향해 돌리고 바로 이어서 오른쪽을 향해 돌린다. 중심(重心)은 왼쪽으로 옮기고 오른

[그림 7-6]

[그림 7-7]

[그림 7-8]

[그림 7-9]

[그림 7-10]

노가일로(老架一路) - 제일단

발 발끝을 밖으로 벌린다. 동시에 왼손은 내선(內旋)으로 오른손은 외선(外旋)으로 돌리며 양손은 오른쪽을 향해 운행하여 몸의 우측(右側)에 이르게 하는데 높이는 어깨와 같게 한다.

구령 5 (그림 7-12·13) : 중심(重心)을 오른쪽으로 옮기고 왼발을 들어 좌전방(左前方) 45° 쪽을 향하여 일보(一步) 내디디는데 발뒤꿈치로 착지한다.

구령 6 (그림 7-14~16) : 중심(重心)을 왼쪽으로 옮기고 몸을 먼저 오른쪽으로 약간 돌리고 다시 왼쪽으로 돌린다. 동시에 왼손은 외선(外旋)으로 오른손은 내선(內旋)으로 돌린다. 왼손은 몸을 따라 좌전방(左前方)을 향해 운행해 나가고 오른손은 우후방(右後方)에 이르도록 한다.

[그림 7-11]

[그림 7-12]

[그림 7-13]

[그림 7-14]

구령 7 (그림 7-17~19) : 왼발 발끝을 밖으로 벌리고 오른발은 들어서 우전방(右前方)을 향해 상보(上步)하여 발끝으로 땅을 찍는다. 왼손은 먼저 위로 들어 올린 후에 안쪽 아래를 향해 떨군다. 오른손은 뒤로부터 앞을 향하여 왼손과 상합(相合)하는데 왼손이 오른쪽 팔뚝 하박부의 중간에 이르도록 한다.

구령 8 (그림 7-20) : 왼손을 내선(內旋)으로 돌리며 배 앞에 떨구고 장심(心)이 위로 향하게 한다. 동시에 오른손은 주먹으로 꾸어 왼손 장심(掌心)안에 놓는다.

구령 9 (그림 7-21) : 오른발 오른쪽 주먹을 동시에 위를 향해 들어 올리고 좌장(左掌)은 약간 하침(下沈)한다.

구령 10 (그림 7-22) : 오른발을 땅에 떨구며 진각(震脚)을 한다. 동시

[그림 7-15]

[그림 7-16]

[그림 7-17]

[그림 7-18]

에 오른 주먹을 좌장(左掌) 가운데에 떨군다.

❖ 요점 : 연습을 할 때 몸으로 손을 이끌도록 하여 상하상수(上下相隨)·절절관관(節節貫串)을 이루도록 한다. 수법(手法)에 주의를 기울임과 동시에 신법(身法)에도 주의를 기울여야 한다. 왼발을 좌전방(左前方)을 향해 뻗어낼 때 마치 깊은 연못 앞에 선 듯이, 살얼음을 밟듯이 하여 가벼우면서도 뜨지 않도록 한다. 오른 주먹을 좌장(左掌)의 장심(掌心)에 떨구는 것과 진각(震脚)은 조화롭게 일치되도록 하여 경(勁)이 온전(경정勁整)하도록 하고 기(氣)는 하침(下沈)하도록 한다.

[그림 7-19]

[그림 7-20]

[그림 7-21]

[그림 7-22]

[그림 7-23]

第三式 懶扎衣 (나찰의)

구령 1 (그림 7-23~25) : 중심(重心)을 오른쪽으로 옮기고 양손을 벌린다. 왼손은 아래를 향하여 호(弧)를 그리며 좌측(左側)의 바깥에 이르게 하고 오른손은 위를 향하여 호(弧)를 그리며 우측(右側)에 이르게 한다.

구령 2 (그림 7-26·27) : 중심(重心)을 왼쪽으로 옮기고 왼손은 아래로부터 위를 향해 올라가고 오른손은 위로부터 아래를 향해 내려가서 양손이 가슴 앞에서 합(合)을 한다.

구령 3 (그림 7-28·29) : 몸을 약간 왼쪽으로 돌리고 오른발을 들어 우측(右側)을 향해 보(步)를 내어 발뒤꿈치로 착지(着地)한다.

[그림 7-24]

[그림 7-25]

[그림 7-26]

[그림 7-27]

노가일로(老架一路) - 제일단

양쪽 눈은 우측(右側)을 바라본다.

구령 4 (그림 7-30~32) : 중심(重心)을 왼쪽에서 오른쪽 다리로 옮김과 동시에 몸을 오른쪽으로 돌린다. 왼손은 약간 내선(內旋)으로 돌리고 오른손은 우상방(右上方)을 향해 호(弧)를 그려 어깨 높이에 이르게 한다.

구령 5 (그림 7-33) : 왼손은 외선(外旋)으로 돌리며 아래로 안(按)을 하여 왼쪽 옆구리 옆에 이르게 하고 다섯 손가락을 허리에 질러 댄다. 오른손은 약간 하침(下沈)하는데 장심(掌心)은 우전방(右前方)으로 향하게 한다.

❖ 요점 : 오른손은 전개(展開)하여 지복(指腹)에 힘을 쓰고 왼손은 허리에 질러 대고(차요叉腰) 허허롭게 붙이며 힘을 써서는 아니 된다. 정세(定

[그림 7-28]

[그림 7-29]

[그림 7-30]

勢)를 이루려는 때에 오른쪽 다리를 궁퇴(弓腿)로 하고 우장(右掌)은 역전사(逆纏絲)로 팔뚝을 돌리며 오른쪽을 향하여 전개(展開)함과 동시에 왼쪽 다리에 힘을 쓰는데 무릎 관절과 관관절(髖關節)은 곧게 펴서 차서는(등蹬) 아니 된다. 정세(定勢)를 하고서는 왼쪽 관관절(髖關節)을 방송(放鬆)하고 기침단전(氣沈丹田)한다.

[그림 7-31]

[그림 7-32]

[그림 7-33]

노가일로(老架一路) - 제일단

第 四 式 六封四閉(육봉사폐)

구령 1 (그림 7-34·35) : 왼손은 우상방(右上方)을 향하여 호(弧)를 그리고 오른손은 약간 거두어 들여 왼손과 오른쪽 가슴 앞에서 상합(相合)하도록 한다.

구령 2 (그림 7-36·37) : 중심(重心)을 왼쪽으로 옮기고 양손은 아래를 향하여 호(弧)를 그리며 배 앞에 이르게 한다.

구령 3 (그림 7-38·39) : 양손은 좌상방(左上方)을 향하여 호(弧)를 그려서 어깨보다 약간 높게 한다.

구령 4 (그림 7-40) : 중심(重心)을 오른쪽 다리로 옮기고 양손은 왼쪽 귀 옆으로 거두어들인다.

[그림 7-34]　　　[그림 7-35]　　　[그림 7-36]　　　[그림 7-37]

구령 5 (그림 7-41) : 왼발을 오른발의 안쪽으로 거두어들여 발끝으로 땅을 찍는다. 양쪽 발은 어깨와 같은 넓이로 한다. 양손은 우전방(右前方)을 향하여 밀어내어 어깨와 같은 넓이로 한다. 얼굴은 서남방으로 향한다.

❖ 요점 : 양손은 리(攦)로부터 안(按)으로 전환되며 허리를 축(軸)으로 한다. 좌우(左右)로 돌며 움직일 때 상체(上體)는 반드시 바르고 곧아야 하며 앞으로 숙이거나 뒤로 젖혀서는 아니 된다. 양장(兩掌)으로 오른쪽을 향해 안(按)을 할 때 우장(右掌)이 주(主)가 되고 좌장(左掌)은 보조(輔助)가 된다. 기(氣)는 척배(脊背)에 붙어야 하며 당(膪)은 둥글어야(원圓) 한다.

[그림 7-38]   [그림 7-39]   [그림 7-40]   [그림 7-41]

노가일로(老架一路) - 제일단

第 五 式 單鞭(단편)

구령 1 (그림 7-42·43) : 몸을 약간 오른쪽으로 돌린다. 양손은 내선(內旋)으로 돌리는데 왼손이 약간 앞에서 뻗고 오른손은 약간 안으로 거두어들인다. 양손의 장심(掌心)은 위로 향한다.

구령 2 (그림 7-44) : 오른손은 구수(鉤手)로 변하고 좌장(左掌)을 거쳐서 우상방(右上方)을 향하여 운행해 나가서 어깨보다 약간 높게 한다. 왼손은 왼쪽 배 앞으로 거두어들인다.

구령 3 (그림 7-45) : 왼발을 들어서 좌측(左側)을 향해 보(步)를 내어 발뒤꿈치로 착지(着地)한다.

구령 4 (그림 7-46~48) : 중심(重心)을 왼쪽 다리로 옮기고 왼손은 아

[그림 7-42]

[그림 7-43]

[그림 7-44]

[그림 7-45]

래로부터 위를 향하여 호(弧)를 그리어 좌측(左側)에 둔다. 장심(掌心)은 밖으로 향한다.

구령 5 (그림 7-49) : 침견추주(沈肩墜肘)하고 기침단전(氣沈丹田)한다.

❖ 요점 : 오른손을 모아 쥐고 위를 향해 들 때 팔꿈치로 시렁처럼 가로막아 들기 쉽다. 그래서 몸을 따라 정면으로 돌아들어 올 때 침견(沈肩)과 추주(墜肘)에 주의를 기울여야 한다. 초식(招式)의 세(勢)가 이루어졌을 때 정경(頂勁)은 이끌어 올리며 당(膛)은 원(圓)으로 열어야 하고 관(髖) 관절은 방송(放鬆)하여야 한다. 몸은 바르게 하고 가슴은 허허롭게 함축(含蓄)하여야 비로소 능히 심기(心氣)가 하강할 수 있고 기침단전(氣沈丹田)을 할 수 있다.

[그림 7-46]

[그림 7-47]

[그림 7-48]

[그림 7-49]

第 六 式 金剛搗碓(금강도대)

구령 1 (그림 7-50) : 몸을 왼쪽으로 돌린다. 왼손은 밖을 향해 돌리고 오른손은 아래를 향해 호(弧)를 그리어 왼쪽 가슴 앞에 이르게 하여 왼손과 상합(相合)하게 한다.

구령 2 (그림 7-51~53) : 중심(重心)을 오른쪽으로 옮긴다. 양손은 우상방(右上方)을 향해 운행하여 몸의 우측(右側)에 오도록 한다. 양손 장심(掌心)은 밖으로 향한다.

구령 3 (그림 7-54·55) : 중심(重心)을 왼쪽으로 옮기고 양손은 아래를 향하여 호(弧)를 그리며 좌상방(左上方)에 이르게 한다.

구령 4 (그림 7-56~59) : 중심(重心)을 오른쪽으로 옮긴다. 양손은 우

[그림 7-50]

[그림 7-51]

[그림 7-52]

상방(右上方)을 향하여 운행하여 몸의 우측(右側)에 이르도록 한다. 양손 장심(掌心)은 밖으로 향하게 한다.

구령 5 (그림 7-60) : 몸을 왼쪽으로 90° 돌린다. 왼손은 아래를 향해 운행하여 왼쪽 무릎의 위에 이르게 하고 오른손은 외선(外旋)으로 돌며 아래를 향해 내려간다.

구령 6 (그림 7-61·62) : 왼발 발끝을 밖으로 벌리고 오른발을 들어 우전방(右前方)을 향하여 상보(上步)하여 발끝으로 땅을 찍는다. 왼손은 먼저 들어 올린 후에 안쪽을 향하여 아래로 떨군다. 오른손은 뒤로부터 앞으로 향하여 양손이 오른쪽 가슴 앞에서 합(合)을 하는데 왼손은 오른쪽 팔뚝 하박부의 중간에 위치하게 한다. 얼굴은 동쪽으로 향한다.

[그림 7-53]

[그림 7-54]

[그림 7-55]

노가일로(老架一路) - 제일단

구령 7 (그림 7-63) : 왼손이 내선(內旋)으로 돌면서 배 앞에 이르게 하고 동시에 오른손을 주먹으로 바꾸어 왼손 장심(掌心) 안에 놓는다.

구령 8 (그림 7-64) : 오른발 오른쪽 주먹을 동시에 들어 올리고 좌장(左掌)은 약간 하침(下沈)한다.

구령 9 (그림 7-65) : 오른발을 떨구면서 진각(震脚)을 함과 동시에 오른쪽 주먹을 왼손 장심(掌心) 안에 떨군다.

❖ 요점 : 양손으로 리(攦)를 하는데 오른쪽을 향해 약간 빠르게 한다. 왼손으로 앞을 향해 제(擠)를 하는데 느리게 한다. 오른발이 상보(上步)할 때 왼쪽 다리는 중심(重心)을 잘 통제하여 허리로 다리를 이끌어야 한다. 진각(震脚)을 하기 전에 오른쪽 주먹을 위로 들고 중심(重

[그림 7-56]

[그림 7-57]

[그림 7-58]

心)은 반드시 하침(下沈)한다. 진각(震脚)을 할 때 주신(周身)의 경(勁)을 오른발로 발(發)해 낸다. 몸은 하침(下沈)하는 의(意)를 가져야 하지만 좌우(左右)로 기울어져서는 아니 된다.

[그림 7-59]

[그림 7-60]

[그림 7-61]

[그림 7-62]

[그림 7-63]

[그림 7-64]

[그림 7-65]

노가일로(老架一路) - 제일단

第七式 白鶴亮翅 (백학량시)

구령 1 (그림 7-66~68) : 몸을 약간 왼쪽으로 돌렸다가 다시 오른쪽으로 돌린다. 동시에 왼손을 외선(外旋)으로 돌리어 왼쪽 배 앞에 놓고 오른손은 주먹에서 장(掌)으로 바꾸어 외선(外旋)으로 돌리며 위를 향하여 호(弧)를 그리어 몸의 우측(右側) 위쪽에 놓이게 한다.

구령 2 (그림 7-69~71) : 중심(重心)을 왼쪽으로 옮기고 오른발을 들어 우후방(右後方)을 향해 보(步)를 물린다. 동시에 왼손은 아래로부터 위를 향하게 하고 오른손은 위로부터 아래를 향하여 내선(內旋)으로 돌리며 가슴 앞에서 합(合)을 한다.

구령 3 (그림 7-72~74) : 중심(重心)을 오른쪽으로 옮긴다. 왼발을 오

[그림 7-66]   [그림 7-67]   [그림 7-68]   [그림 7-69]   [그림 7-70]

른발의 안쪽으로 거두어 들여 어깨와 같은 넓이로 하여 발끝으로 땅을 찍는다. 동시에 왼손은 아래를 향하여 왼쪽 배 앞을 거쳐 왼쪽 과(踝) 앞에 이르게 한다. 오른손은 위를 향해 오른쪽 가슴 앞을 거쳐서 머리의 우측(右側) 상방(上方)에 이르게 하는데 장심(掌心)은 측전방(側前方)으로 향하게 한다.

❖ 요점 : 이 초식(招式)은 명확하게 대개대합(大開大合)을 한다. 양쪽 다리의 허실(虛實)은 분명하게 나누어야 한다. 손이 합(合)하면 발은 개(開)하고 손이 개(開)하면 발을 거두어들이며 상하상수(上下相隨)하여야 한다. 오른쪽 팔꿈치는 두 차례에 걸쳐 어깨보다 높게 들어 올리는데 팔꿈치로 가로 걸쳐 막는(가架) 의(意)가 있어서는 아니된다. 팔꿈치의 끝은 아래로 드리운다.

[그림 7-71]   [그림 7-72]   [그림 7-73]   [그림 7-74]

第八式 斜行 (사행)

구령 1 (그림 7-75~77) : 몸을 왼쪽으로 돌리고 다시 오른쪽을 향해 돈다. 동시에 왼손은 아래로부터 뒤쪽을 경유하여 좌상방(左上方)을 향하여서 왼쪽 가슴 앞에 이르게 하는데 높이는 어깨보다 약간 높게 한다. 오른손은 아래를 향하고 뒤를 향하여서 오른쪽 과(踝) 옆에 이른다.

구령 2 (그림 7-78) : 왼발을 들어 좌전방(左前方) 30° 쪽을 향하여 크게 일보(一步) 내디디고 발뒤꿈치로 착지(着地)한다.

구령 3 (그림 7-79·80) : 중심(重心)을 왼쪽 다리로 옮기고 왼손은 왼쪽 어깨 앞으로 거둔다. 오른손은 아래로부터 바깥쪽을 경유하여

[그림 7-75]

[그림 7-76]

[그림 7-77]

위를 향해 호(弧)를 그리어 귀 옆에 오게 한다.

구령 4 (그림 7-81·82) : 몸을 왼쪽으로 돌린다. 동시에 좌장(左掌)은 아래로 향하고 왼쪽을 향하게 호(弧)를 그리며 몸의 측면에 이르게 하여 구수(鉤手)로 바꾸어 위로 든다.

구령 5 (그림 7-83~85) : 오른손은 앞을 향하고 오른쪽을 향하여 호(弧)를 그리며 몸의 우측(右側)에서 외선(外旋)으로 돌며 하침(下沈)한다. 송견침주(鬆肩沈肘)하도록 한다. 얼굴은 동남쪽을 향한다.

❖ 요점 : 오른손이 오른쪽을 향하여 호(弧)를 그릴 때, 허리로써 어깨 팔꿈치 손을 이끌어야 하지만 (그 움직임의) 폭은 비교적 작다. 동시에 왼손은 오른쪽으로 따라서 돌지 않아야 한다. 몸이 왼쪽을 향해 도는 폭은 비

[그림 7-78]

[그림 7-79]

[그림 7-80]

노가일로(老架一路) – 제일단

[그림 7-81]   [그림 7-81 정면도]

[그림 7-82]   [그림 7-82 정면도]

[그림 7-83]   [그림 7-84]   [그림 7-85]

교적 크기 때문에 반드시 양쪽 관(髖)을 송개(鬆開)하여야 하고 양쪽 무릎은 약간 내합(內合)하여야 한다. 무릎을 곧게 뻗어서는 아니 된다.

第九式 摟膝 (누슬)

구령 1 (그림 7-86·87) : 몸을 약간 앞으로 향하게 하고 양손은 아래를 향하여 왼쪽 무릎 앞에서 합(合)을 한다.

구령 2 (그림 7-88·89) : 중심(重心)을 오른쪽으로 옮기고 왼발을 들어서 오른발 앞으로 거두고 발끝으로 땅을 찍는다. 동시에 양손은 상합(上合)한 후에 가슴 앞에서 좌완(坐腕)을 한다. 양쪽 장심(掌心)은 비스듬하게 마주한다. 얼굴은 동쪽으로 향한다.

[그림 7-86]   [그림 7-87]   [그림 7-88]   [그림 7-89]

노가일로(老架一路) – 제일단

❖ 요점 : 쌍장(雙掌)은 슬개골(膝蓋骨) 아래로부터 붕(掤)을 하여 개(開)로부터 합(合)으로 전환한다. 반드시 몸이 먼저 움직인 후에 몸이 먼저 돌이야 한다. 몸으로 손을 이끌고 허실(虛實)을 분명하게 나눈다. 누슬(摟膝)의 세(勢)가 이루질 때 함흉(涵胸) 탑요(塌腰) 좌완(坐腕) 굴주(屈肘) 굴슬(屈膝) 원당(圓) 등을 하여야 하며 주신(周身)이 상합(相合)하여야 한다. 오른발은 온중(穩重)하게 안정되어야 하며 왼발을 허허롭게 찍어 나아가고자 하는 세(勢)를 가져야 한다.

第 十 式 上三步 (상삼보)

구령 1 (그림 7-90·91) : 몸을 약강 오른쪽으로 돌린다. 동시에 양손

[그림 7-90]

[그림 7-91]

[그림 7-92]

을 아래로 향하여 호(弧)를 그리며 우측(右側) 후방에 이르도록 한다.

구령 2 (그림 7-92·93) : 왼발을 들어 좌전방(左前方)을 향하여 일보(一步) 나가서 발뒤꿈치로 착지(着地)한다. 동시에 좌장(左掌)을 외선(外旋)으로 돌리며 앞을 향해 밀어내고 오른손은 내선(內旋)으로 돌리며 팔꿈치를 구부려 오른쪽 어깨의 위로 거두어들인다.

구령 3 (그림 7-94) : 중심(重心)을 왼쪽 다리로 옮긴다. 동시에 몸을 왼쪽으로 돌리고 왼손은 아래를 향하여 호(弧)를 그리며 왼쪽 과(踝) 옆에 오게 한다. 오른손은 앞을 향해 밀어낸다.

구령 4 (그림 7-95~97) : 오른발을 들어 우전방(右前方)을 향해 일보

[그림 7-93]　　　　[그림 7-94]　　　　[그림 7-95]　　　　[그림 7-96]

(一步) 나아가서 발뒤꿈치로 착지(着地)한다. 동시에 좌장(左掌)을 내선(內旋)으로 돌리고 팔꿈치를 구부려(굴주屈肘) 왼쪽 어깨 위로 거둔다. 좌장(左掌)은 외선(外旋)으로 돌리며 앞을 향해 밀어낸다. 중심(重心)은 오른쪽 다리로 옮겨진다.

구령 5 (그림 7-98 · 99) : 왼쪽 다리를 들어서 좌전방(左前方)을 향해 일보(一步) 나가서 발뒤꿈치로 착지(着地)한다.

❖ 요점 : 연속으로 상보(上步)하는 동작은 신법(身法) 보법(步法) 수법(手法)이 반드시 조화롭게 일치하여야 한다.

[그림 7-97]

[그림 7-98]

[그림 7-99]

第 十一 式 斜行 (사행)

(그림 7-100~106)

第 十二 式 摟膝 (누슬)

(그림 7-107~110)

第 十三 式 上三步 (상삼보)

(그림 7-111~120)

[그림 7-100]

[그림 7-101]

[그림 7-102]

노가일로(老架一路) - 제일단

[그림 7-103]   [그림 7-104]   [그림 7-105]

[그림 7-106]   [그림 7-107]   [그림 7-108]

[그림 7-109]   [그림 7-110]   [그림 7-111]

[그림 7-112]

[그림 7-113]

[그림 7-114]

[그림 7-115]

[그림 7-116]

[그림 7-117]

[그림 7-118]

[그림 7-119]

[그림 7-120]

第十四式 掩手肱拳 (엄수굉권)

구령 1 (그림 7-121~123) : 중심(重心)을 왼쪽으로 옮기고 양손은 아래를 향하고 밖을 향해 벌리고 다시 위로 향하게 하여 어깨와 나란하게 들어 올린다.

구령 2 (그림 7-124) : 중심(重心)을 오른쪽으로 옮긴다. 동시에 왼손은 약간 뒤로 거두고 우장(右掌)은 주먹으로 바꾸어 내선(內旋)으로 돌리며 오른쪽 옆구리의 앞으로 거두어들인다.

구령 3 (그림 7-125) : 몸을 신속하게 왼쪽을 향해 돌리고 중심(重心)은 빠르게 왼쪽 다리로 옮긴다. 동시에 왼쪽 팔꿈치를 좌후방(左後方)을 향하여 힘을 써서 쳐내고 오른쪽 주먹을 외선(外旋)으로

[그림 7-121]

[그림 7-122]

[그림 7-123]

돌리며 우전방(右前方)을 향해 힘을 써서 발(發)해낸다. 얼굴은 동남방(東南方)으로 향한다.

❖ 요점 : 상삼보(上三步)에서 제삼보(第三步)를 내디딜 때 왼손은 바로 안으로 향하기 시작하여 오른손과 상합(相合)한다. 오른쪽 주먹을 앞으로 쳐내는 것과 왼쪽 팔꿈치를 뒤로 쳐내는 것은 조화롭게 일치하도록 한다. 발경(發勁)을 할 때 "경(勁)은 발꿈치에서 일어나고 다리에 운행되어 허리에서 주재(主宰)하고 끝마디에서 발(發)해지는"[1] 것이 요구된다.

---

1) 경기각근, 행어퇴, 주재어요, 발어초절.(勁起脚根, 行於腿, 主宰於腰, 發於梢節.)

[그림 7-124]

[그림 7-125]

[그림 7-126]

노가일로(老架一路) - 제일단

第 十五 式 金剛搗碓 (금강도대)

구령 1 (그림 7-126~129) : 몸을 약간 오른쪽으로 돌리고 다시 약간 왼쪽으로 돌린다. 동시에 왼손은 밖으로부터 위를 향하고 안을 향하게 한다. 오른쪽 주먹을 장(掌)으로 바꾸어 밖으로부터 아래를 향하고 안을 향하게 하여 왼손과 가슴 앞에서 합(合)을 한다.

구령 2 (그림 7-130~133) : 몸을 오른쪽으로 돌리고 중심(重心)을 오른쪽으로 옮긴다. 동시에 왼손은 외선(外旋)으로 호(弧)를 그리어 좌하방(左下方)에 이르게 하고 오른손은 외선(外旋)으로 호(弧)를 그리며 우상방(右上方)에 이르게 하는데 어깨보다 약간 높게 한다.

[그림 7-127]

[그림 7-128]

[그림 7-129]

구령 3 (그림 7-134~136) : 중심(重心)을 왼쪽으로 옮긴다. 동시에 오른발은 호(弧)를 그리며 뒤를 향하여 왼발 안쪽을 경유하여 우전방(右前方)으로 가고 발끝으로 땅을 찍는다. 왼손은 위를 향하고 다시 아래를 향하여 호(弧)를 그리며 안으로 거둔다. 오른손은 뒤로부터 앞으로 향하여서 왼손과 가슴 앞에서 합(合)을 한다. 얼굴은 남쪽으로 향한다.

구령 4 (그림 7-137) : 왼손은 내선(內旋)으로 돌리며 배 앞에 이르게 한다. 동시에 오른손은 주먹으로 바꾸어 왼손 장심(掌心) 안에 놓는다.

구령 5 (그림 7-138) : 오른발 오른쪽 주먹을 동시에 들어 올리고 좌장(左掌)은 약간 하침(下沈)한다.

[그림 7-130]

[그림 7-131]

[그림 7-132]

노가일로(老架一路) - 제일단

구령 6 (그림 7-139) : 오른발을 땅에 떨구며 진각(震脚)을 한다. 동시에 오른쪽 주먹을 왼손 장심(掌心) 안에 떨군다.

❖ 요점 : 제이식(第二式) 금강도대(金剛搗碓)와 같다.

[그림 7-133]   [그림 7-134]   [그림 7-135]

[그림 7-136] [그림 7-137] [그림 7-138] [그림 7-139]

第十六式 撇身捶 (별신추)

구령 1 (그림 7-140·141) : 몸을 약간 아래로 내려앉는다. 동시에 오른쪽 주먹을 장(掌)으로 바꾸고 양손은 아래로부터 밖을 향하여 나누어 벌린다.

구령 2 (그림 7-142·143) : 양손은 위를 향하여 턱 앞에서 교차시키는데 왼손이 앞에 오게 한다.

구령 3 (그림 7-144~146) : 몸을 약간 왼쪽으로 돌리고 양손은 좌측(左側)을 향해 운행하고 바로 이어서 오른발을 들어 오른쪽을 향해 횡(橫)으로 크게 일보(一步) 내딛는다.

구령 4 (그림 7-147~149) : 중심(重心)을 오른쪽을 옮기어 하침(下

[그림 7-140]

[그림 7-141]

[그림 7-142]

노가일로(老架一路) - 제일단

沈)한다. 몸을 오른쪽으로 돌림과 동시에 왼손은 내선(內旋)으로 왼쪽 어깨 앞에 이르게 하고 오른손은 외선(外旋)으로 오른쪽 무릎 전상방(前上方)에 오도록 한다.

구령 5 (그림 7-150~152) : 중심(重心)을 왼쪽으로 옮기고 몸을 왼쪽으로 돌린다. 동시에 양손은 몸이 왼쪽으로 도는 것을 따라 왼쪽을 향해 운행한다. 왼손은 호(弧)를 그리며 왼쪽 옆구리로 오고 오른손은 호(弧)를 그리며 왼쪽 무릎 위쪽에 온다.

구령 6 (그림 7-153~155) : 중심(重心)을 오른쪽으로 옮기고 몸을 오른쪽으로 돌린다. 동시에 좌장(左掌)을 주먹으로 바꾸어 외선(外旋)으로 돌리며 아래를 향해 내려가 왼쪽 허리 앞에 붙인다. 우장(右掌)은 주먹으로 바꾸어 오른쪽을 향해 외선(外旋)으로 돌리며 오른쪽 태양혈(太陽穴) 위쪽에 이르도록 한다. 눈은 좌하방

[그림 7-143]

[그림 7-144]

[그림 7-145]　　　　[그림 7-146]

[그림 7-147]   [그림 7-148]   [그림 7-149]

[그림 7-150]   [그림 7-151]   [그림 7-152]

[그림 7-153]   [그림 7-154]   [그림 7-155]

(左下方)을 바라본다.

❖ 요점 : 동작이 별신추(撇身捶)를 형성(완성)하려고 할 때 중심(重心)은 여전히 오른쪽을 향해 뒤쪽에 치우쳐 옮겨지고 하침(下沈)하여야 한다. 너무 낮게 해서는 아니 된다. 양쪽 다리는 의당 합경(合勁)을 하여야 한다. 별신추(撇身捶)가 형성될 때 오른쪽 주먹과 왼쪽 팔꿈치 끝은 왼발 발끝과 일직선을 이루어야 한다.

第 十七 式 靑龍出水 (청룡출수)

구령 1 (그림 7-156~158) : 중심(重心)을 왼쪽으로 옮기고 몸을 오른쪽

[그림 7-156]   [그림 7-157]   [그림 7-158]

으로 돌린다. 몸이 도는 것을 따라서 왼쪽 주먹을 장(掌)으로 바꾸어 외선(外旋)으로 돈 후에 내선(內旋)으로 돌리면서 왼쪽을 향하고 위를 향하고 오른쪽을 향하여서 오른쪽 가슴 앞에 놓는다. 오른쪽 주먹은 아래를 향하고 안쪽을 향하여 가슴 앞으로 거두어들인다.

구령 2 (그림 7-159·160) : 중심(重心)을 신속하게 오른쪽 다리로 옮긴다. 몸을 약간 왼쪽으로 돌리고 왼쪽 팔꿈치는 외선(外旋)으로 좌측(左側)을 향하여 발(發)해내어 팔꿈치를 구부려서 왼쪽 옆구리에 댄다. 오른쪽 주먹은 외선(外旋)으로 돌며 배 앞을 거쳐 우측(右側)을 향하여 신속하게 발(發)해 낸다.

❖ 요점 : 이 초식(招式)은 내려가는 세(勢)가 비교적 낮을 것이 요구된다. 당구(膛口)는 넓고 둥글게 하여야 하고 요척(腰脊)이 축(軸)이 되어서 좌우(左右)로

[그림 7-159] [그림 7-160] [그림 7-161]

선전(旋轉)하여야 한다. 전사(纏絲)로 감돌며 구부리고 축경(蓄勁)을 하여서 신속하게 떨치며(두抖) 발경(發勁)한다. 중심(重心)이 오가며 이동하여서 다리 부위의 전사경(纏絲勁)이 비교적 명확하게 표현되어진다.

第 十八 式 雙推手 (쌍추수)

구령 1 (그림 7-161) : 중심(重心)을 오른쪽으로 옮기고 몸을 약간 오른쪽으로 돌린다. 왼손은 가슴 앞을 거쳐 위를 향해 호(弧)를 그리며 오른손 아래에 이르게 하고 오른쪽 주먹은 장(掌)으로 바꾸어 외선(外旋)으로 돌며 어깨보다 약간 높게 한다.

구령 2 (그림 7-162~164) : 중심(重心)을 약간 오른쪽으로 옮기고 몸

[그림 7-162]　　　[그림 7-163]　　　[그림 7-164]

을 왼쪽으로 100°를 돌린다. 왼발 발끝을 밖으로 벌리고 양손은 아래를 향하고 왼쪽을 향하게 운행하여 좌상방(左上方)에 이르게 한다.

구령 3 (그림 7-165·166) : 중심(重心)을 왼쪽 다리로 옮기고 오른쪽 다리를 들어 우전방(右前方)을 향하여 보(步)를 내어 발뒤꿈치로 착지한다.

구령 4 (그림 7-167~169) : 중심(重心)을 오른쪽으로 옮긴다. 동시에 몸은 왼쪽으로 돌고 양손은 계속하여 왼쪽을 거쳐 위를 향해 운행하여 왼쪽 어깨의 전상방(前上方)으로 거두어들인다.

구령 5 (그림 7-170) : 몸을 오른쪽으로 돌리고 왼발을 오른발 옆으로 거두어 발끝으로 땅을 찍는다. 양손은 우전방(右前方)을 향해 밀어낸다. 얼굴은 동쪽을 본다.

❖ 요점 : 좌장(左掌)은 가슴 앞을 거쳐 우장(右掌)을 이끈다. 몸은 약간 오른쪽으로 도는데 이는 왼쪽을 가기 위해 먼저 오른쪽으로 가는 과정이다. 일단 이끌면 바로 왼쪽으로 몸을 돌릴 수 있다. 정세(定勢)가 막 형성되려 할 때 송관(鬆髖) 송견(鬆肩) 침주(沈肘)를 하여 기(氣)가 손가락 끝에 관주(貫注)되도록 한다.

[그림 7-165]

노가일로(老架一路) - 제일단

[그림 7-166]   [그림 7-166 정면도]   [그림 7-167]

[그림 7-167 정면도]   [그림 7-168]   [그림 7-168 정면도]

[그림 7-169]   [그림 7-169 정면도]   [그림 7-170]   [그림 7-170 정면도]

❈ 제이단(第二段) ❈

第 十九 式 · 肘底看拳(주저간권)	第二十九式 · 右擦脚(우찰각)
第 二十 式 · 倒捲肱(도권굉)	第 三十 式 · 左擦脚(좌찰각)
第二十一式 · 白鶴亮翅(백학량시)	第三十一式 · 左蹬一跟(좌등일근)
第二十二式 · 斜行(사행)	第三十二式 · 上三步(상삼보)
第二十三式 · 閃通背(섬통배)	第三十三式 · 擊地捶(격지추)
第二十四式 · 掩手肱拳(엄수굉권)	第三十四式 · 踢二起(척이기)
第二十五式 · 六封四閉(육봉사폐)	第三十五式 · 護心拳(호심권)
第二十六式 · 單鞭(단편)	第三十六式 · 旋風脚(선풍각)
第二十七式 · 運手(운수)	第三十七式 · 右蹬一跟(우등일근)
第二十八式 · 高探馬(고탐마)	第三十八式 · 掩手肱拳(엄수굉권)

第 十九 式 肘底看拳 (주저간권)

구령 1 (그림 7-171·172) : 몸을 약간 오른쪽으로 돌리고 다시 왼쪽으로 돌린다. 왼손은 아래를 향해 호(弧)를 그리며 왼쪽 과(踝) 옆에 이르고 우장(右掌)은 외선(外旋)으로 돌며 위를 향해 호(弧)를 그리며 우전방(右前方)에 이르는데 어깨보다 높게 한다.

노가일로(老架一路) - 제이단

구령 2 (그림 7-173) : 몸을 계속하여 왼쪽으로 돌린다 좌장(左掌)은 외선(外旋)으로 돌고 다시 내선(內旋)으로 돌면서 호(弧)를 그리며 위를 향해 들어올려 머리보다 높게한다. 우장(右掌)은 아래를 향해 호(弧)를 그리어 오른쪽 과(踝) 아래에 이르게 한다.

구령 3 (그림 7-174·175) : 몸을 오른쪽으로 돌리며 하침(下沈)한다. 왼손은 앞을 향하여 팔꿈치를 구부리며(굴주屈肘) 왼쪽 가슴 앞으로 하침(下沈)한다. 우장(右掌)은 주먹으로 바꾸어 안쪽을 향하며 배 앞을 거쳐 위로 향하여 왼쪽 팔꿈치와 상합(相合)한다. 권심(拳心)은 안쪽으로 향한다. 얼굴은 동쪽을 본다.

❖ 요점 : 몸이 왼쪽으로 돌던 것이 오른쪽으로 도는 것으로 바뀌는 것과 동시에 양손은 역전사(逆纏絲)에서 순전사(順纏絲)로 변하며 분(分)에서

[그림 7-171]　　[그림 7-172]　　[그림 7-173]　　[그림 7-174]　　[그림 7-175]

합(合)으로 변한다. 연습을 할 때, 탑요(塌腰) 기침단전(氣沈丹田)에 주의를 기울여야 한다. 왼쪽 팔꿈치와 오른쪽 주먹이 상합(相合)할 뿐만 아니라 주신(周身) 상하가 모두 반드시 상합(相合)하여야 한다.

第 二十 式 倒捲肱 (도권굉)

구령 1 (그림 7-176·177) : 왼손을 외선(外旋)으로 돌리며 좌전방(左前方)을 향해 그려내고 오른쪽 주먹은 장(掌)으로 바꾸어 뒤로부터 위를 향하여 그려내는데 어깨와 같은 높이이다.

구령 2 (그림 7-178·179) : 왼발을 들어 좌후방(左後方)을 향하여 크게 일보(一步) 물리어 발끝으로 땅을 찍는다. 오른손은 오른쪽

[그림 7-176]

[그림 7-177]

[그림 7-178]

[그림 7-179]

노가일로(老架一路) - 제이단

귀 옆에 거두어들인다.

구령 3 (그림 7-180·181) : 중심(重心)을 왼쪽으로 옮긴다. 동시에 왼손은 아래로 향해 내려가 뒤로 그려내며 왼쪽 과(踝) 밖에 이른다. 오른손은 우전방(右前方)을 향하여 밀어내는데 어깨와 같은 높이가 된다.

구령 4 (그림 7-182·183) : 왼손은 뒤로부터 위를 향하여서 왼쪽 어깨 위로 거두어들이고 장심(掌心)은 좌전방(左前方)으로 향한다. 오른손은 내선(內旋)으로 돌면서 약간 안으로 거두어들인다.

구령 5 (그림 7-184·185) : 오른발을 들어 우후방(右後方)을 향해 일보 크게 물러나 발끝으로 착지(着地)한다. 왼손은 귀 옆으로 거두어들인다.

[그림 7-180]

[그림 7-181]

[그림 7-182]

구령 6 (그림 7-186·187) : 중심(重心)을 오른쪽으로 옮긴다. 동시에 오른손은 아래를 향하여 뒤로 호(弧)를 그려 오른쪽 과(踝) 옆에 오게 하고 왼손은 좌전방(左前方)을 향해 밀어내어 어깨와 같은 높이가 되게 한다.

구령 7 (그림 7-188·189) : 왼손은 내선(內旋)으로 돌면서 약간 안으로 거두어들이고 오른손은 뒤로부터 위로 향하여서 오른쪽 어깨 위로 거두어들인다.

이하(以下)의 삼보(三步)는 앞의 이보(二步)와 동작과 구령이 같다.
(그림 7-190~205)

[그림 7-183]   [그림 7-184]   [그림 7-185]   [그림 7-186]

노가일로(老架一路) - 제이단

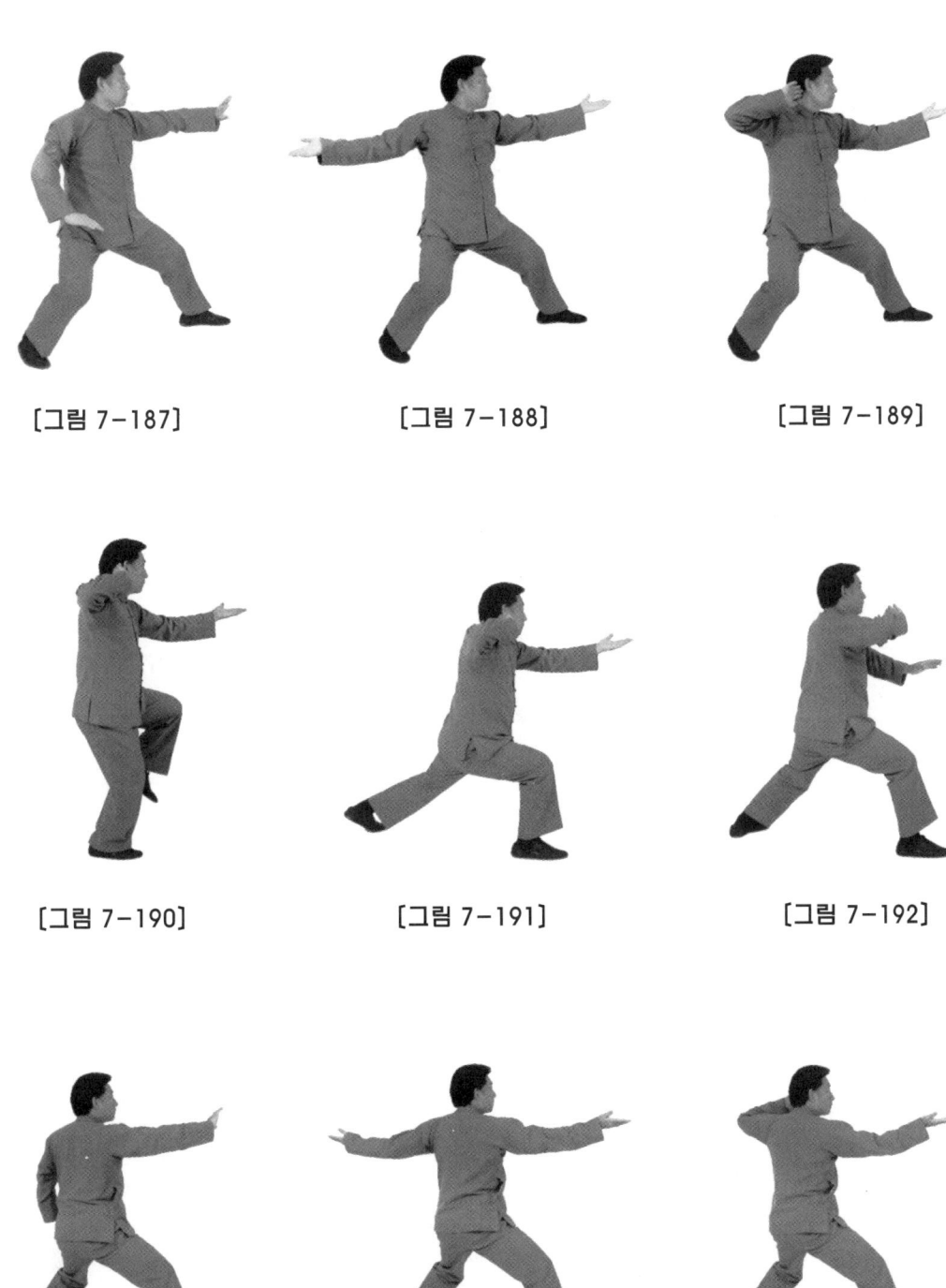

[그림 7-187]   [그림 7-188]   [그림 7-189]

[그림 7-190]   [그림 7-191]   [그림 7-192]

[그림 7-193]   [그림 7-194]   [그림 7-195]

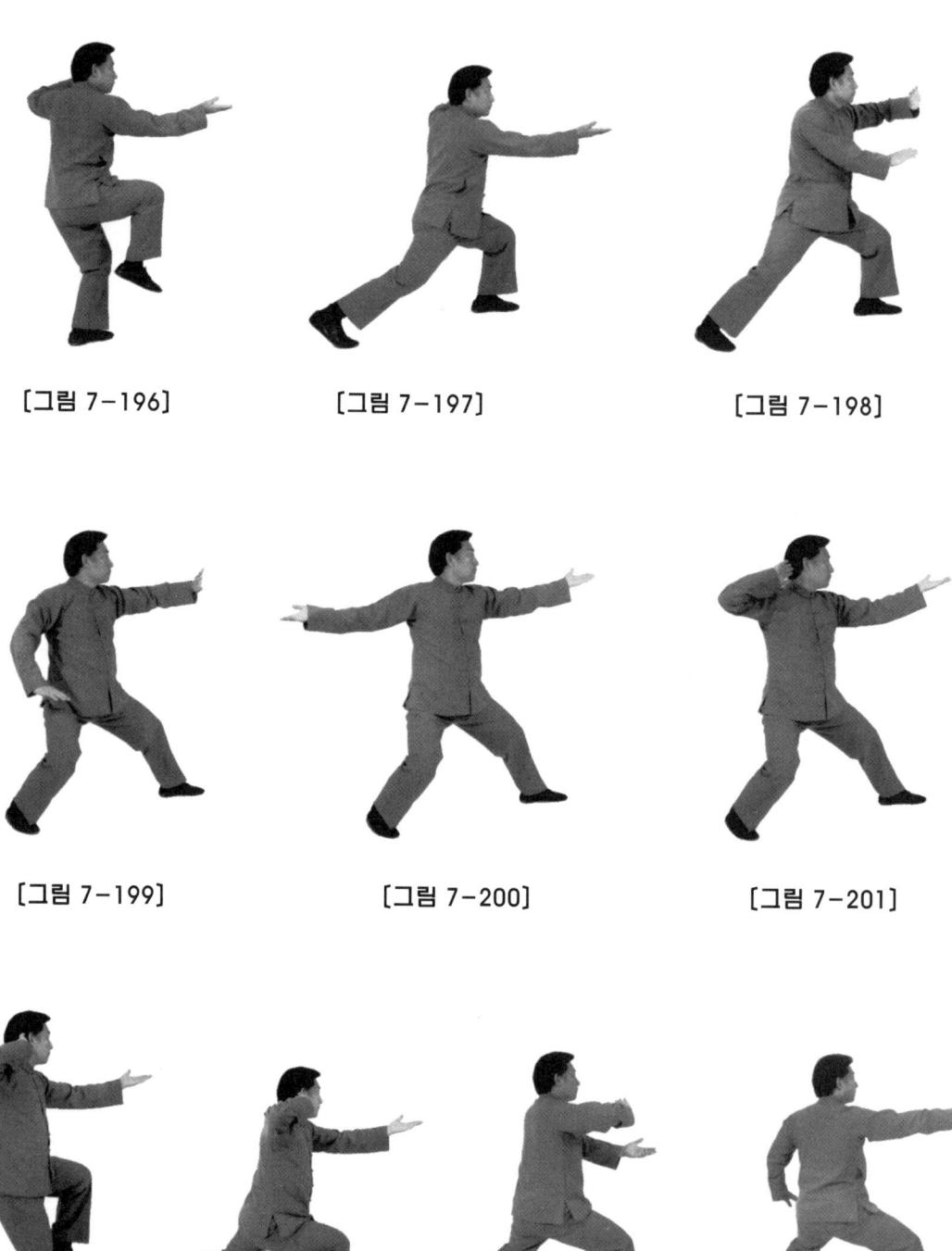

[그림 7-196]   [그림 7-197]   [그림 7-198]

[그림 7-199]   [그림 7-200]   [그림 7-201]

[그림 7-202]   [그림 7-203]   [그림 7-204]   [그림 7-205]

第 二十一 式 白鶴亮翅 (백학량시)

구령 1 (그림 7-206) : 중심(重心)을 오른쪽으로 옮기고 몸을 약간 오른쪽으로 돌린다. 동시에 왼손은 아래로부터 위로 향하여서 오른손과 우상방(右上方)에서 합(合)을 한다.

구령 2 (그림 7-207~209) : 중심(重心)을 왼쪽으로 옮기고 양손은 아래를 향해 운행하여 배 앞에 이르게 한다.

구령 3 (그림 7-210·211) : 오른발을 들어 우후방(右後方)을 향해 보(步)를 냄과 동시에 양손은 내선(內旋)으로 돌며 좌전방(左前方)에 합(合)을 한다.

구령 4 (그림 7-212~214) : 중심(重心)을 오른쪽으로 옮긴다. 몸을 오른쪽으로 돌리고 왼발을 오른발 옆으로 거두어들여 발끝으로 땅을 찍는다. 왼손은 아래를 향하여 호(弧)를 그리어 왼쪽 과(踝) 앞에 이르게 한다. 오른손은 호(弧)를 그리며 오른쪽 가슴을 경유하여 머리의 우측(右側)에 이르게 하는데 머리보다 약간 높게 한다.

❖ 요점 : 제칠식(第七式) 백학량시(白鶴亮翅)와 같다.

[그림 7-206]

[그림 7-207]

[그림 7-208]

[그림 7-209]

[그림 7-209 정면도]

[그림 7-210]

[그림 7-211]

[그림 7-212]

[그림 7-213]

[그림 7-214]

노가일로(老架一路) - 제이단

第 二十二 式 斜行 (사행)

(그림 7-215~224) : 구령과 동작은 제팔식(第八式) 사행(斜行)과 같다.

[그림 7-215]　　　[그림 7-216]　　　[그림 7-217]　　　[그림 7-218]

[그림 7-219]　　　[그림 7-220]　　　[그림 7-221]

[그림 7-222]

[그림 7-223]

[그림 7-224]

[그림 7-225]

[그림 7-226]

[그림 7-227]

[그림 7-228]

[그림 7-229]

[그림 7-230]

第 二十三 式 閃通背 (섬통배)

구령 1 (그림 7-225·226) : 몸을 약간 왼쪽으로 돌린다. 동시에 왼손 구수(鉤手)를 장(掌)으로 바꾸어 내선(內旋)으로 돌리고 오른손은 왼쪽을 향하여서 왼손과 왼쪽 가슴 앞에서 합(合)을 한다.

구령 2 (그림 7-227·228) : 중심(重心)을 오른쪽 다리로 옮기고 왼발을 들어 오른발 옆으로 거두어들여 발끝으로 땅을 찍는다. 몸은 오른쪽으로 돌며 내려앉는다. 동시에 왼손은 외선(外旋)으로 돌고 다시 내선(內旋)으로 돌며 우하방(右下方)을 향하여 호(弧)를 그리며 오른쪽 무릎 안쪽에 오게 한다. 오른손은 가슴 앞을 경유하여 우상방(右上方)을 향해 호(弧)를 그리며 우상방(右上方)에 이른다.

[그림 7-231]

[그림 7-232]

[그림 7-233]

구령 3 (그림 7-229~231) : 몸을 왼쪽으로 돌린다. 도이에 왼손은 외선(外旋)으로 돌며 가슴 앞을 경유하여 위를 향해 어깨와 나란한 높이에 이른 후에 계속하여 후하방(後下方)을 향하여 호(弧)를 그리어 몸 뒤에 이른다. 오른손은 내선(內旋)으로 돌며 좌하방(左下方)을 향하여서 왼쪽 무릎 내측(內側)에 오게 한다.

구령 4 (그림 7-232·233) : 왼발을 들어 좌전방(左前方)을 향하여 크게 일보(一步) 나가서 발뒤꿈치로 착지(着地)한다. 몸은 약간 오른쪽으로 돌고 동시에 오른손을 가슴 앞으로 거두어들인다.

구령 5 (그림 7-234) : 몸을 왼쪽으로 돌리고 중심(重心)은 왼쪽 다리로 옮긴다. 우장(右掌)은 좌전방(左前方)을 향해 뚫듯이(찌르듯이) 내는데 손가락 끝이 앞으로 향한다.

[그림 7-234]

[그림 7-235]

[그림 7-236]

구령 6 (그림 7-235·236) : 중심(重心)을 오른쪽으로 옮기고 몸을 오른쪽으로 돌린다. 동시에 왼손은 뒤로부터 앞을 향하여 왼쪽 다리 외측(外側)에까지 호(弧)를 그려낸다. 오른손은 위를 향하여 외선(外旋)으로 호(弧)를 그리는데 머리와 같은 높이가 되게 한다.

구령 7 (그림 7-237~239) : 중심(重心)을 왼쪽 다리로 옮기고 바로 이어서 오른쪽 다리를 들어 몸을 180° 돌린다. 동시에 왼손은 위를 향하여 호(弧)를 그리며 가슴 앞에 오게 하고 오른손은 밖으로부터 아래를 향하고서 다시 들어올려서 왼손과 가슴 앞에서 합(合)을 한다. 얼굴은 서쪽으로 향한다.

❖ 요점 : 몸이 좌우로 선전(旋轉)하고 동작이 빨라야 한다. 허리를 비틀고(뉴

[그림 7-237]

[그림 7-238]

[그림 7-239]

요扭腰) 송관(鬆髖)함에 주의를 기울여야 하고 중심(重心)을 안정시켜야 한다. 특히 중심의 전환(轉換)과 요척(腰脊)의 배합(配合)에 주의를 기울여야 한다. 몸으로 손을 이끌고 주신상수(周身相隨)하도록 한다.

第 二十四 式 掩手肱拳 (엄수굉권)

구령 1 (그림 7-240·241) : 오른발은 진각(震脚)을 하고 왼발을 들어 좌전방(左前方)을 향하여 크게 일보(一步) 내디디고 발뒤꿈치로 착지(着地)한다.

구령 2 (그림 7-242·243) : 중심(重心)을 왼쪽 다리로 옮긴다. 양손은 위로부터 아래로 가면서 밖을 향해 호(弧)를 그리어서 몸의

[그림 7-240]

[그림 7-241]

[그림 7-242]

[그림 7-243]

노가일로(老架一路) - 제이단

양쪽 측면에 오게 한다. 얼굴은 서쪽을 본다.

구령 3 (그림 7-244·245): 중심(重心)을 오른쪽으로 옮기고 몸을 오른쪽으로 돌린다. 동시에 왼손은 내선(內旋)으로 돌리며 왼쪽 가슴 앞으로 거두어들인다. 오른손은 주먹으로 바꾸고 내선(內旋)으로 돌리면서 오른쪽 옆구리 앞으로 거두어들이는데 권심(拳心)이 위로 향하도록 한다.

구령 4 (그림 7-246): 중심(重心)을 왼쪽 다리로 옮기고 몸을 신속하게 왼쪽을 향해 돌린다. 동시에 오른쪽 주먹을 외선(外旋)으로 돌리며 전방(前方)을 향해 발(發)해낸다. 왼쪽 팔꿈치는 뒤를 향해 발력(發力)하고 왼쪽 옆구리로 거둔다.

❖ 요점 : 제십사식(第十四式) 엄수굉권(掩手肱拳)과 같다.

[그림 7-244]

[그림 7-245]

[그림 7-246]

第 二十五 式 六封四閉 (육봉사폐)

구령 1 (그림 7-247) : 몸을 약간 왼쪽으로 돌린다. 좌장(左掌)은 내선(內旋)으로 돌며 앞을 향하여 호(弧)를 그리며 가슴 앞에 이르게 하고 오른쪽 주먹은 장(掌)으로 변하여 외선(外旋)으로 돌아 가슴 앞에서 왼손과 합(合)을 한다.

구령 2 (그림 7-248·249) : 중심(重心)을 오른쪽으로 옮기고 왼발 발끝을 치켜든다. 동시에 양손은 가슴 앞을 경유하여 우측방(右側方)까지 운행하는데 어깨보다 약간 낮게 한다.

구령 3 (그림 7-250·251) : 중심(重心)을 왼쪽으로 옮기고 오른발을 들어 올려 몸이 도는 것을 따라 우전방(右前方)을 향하여 상보(上步)하여 발뒤꿈치로 착지(着地)한다. 왼손은 외선(外旋)으로 돌고 오른손은 내선(內旋)으로 돌리면서 동시에 왼쪽을 향해 호(弧)를 그리며 몸의 양쪽 옆에 오게 한다. 장(掌)은 어깨보다 약간 높게 한다.

구령 4 (그림 7-252·253) : 양손은 계속 왼쪽을 향해 몸의 좌측(左側)까지 운행한다.

구령 5 (그림 7-254·255) : 중심(重心)을 오른쪽 다리로 옮기고 왼발을 들어 오른발의 안쪽으로 거두어들여 발끝으로 땅을 찍는다. 동시에 양손은 왼쪽 어깨를 경유하여 오른쪽을 향해 비스듬히 내리면서 밀어낸다. 얼굴은 남쪽으로 향한다.

❖ 요점 : 제사식(第四式) 육봉사폐(六封四閉)와 같다.

노가일로(老架一路) - 제이단

[그림 7-247]

[그림 7-248]

[그림 7-249]

[그림 7-250]

[그림 7-251]

[그림 7-252]

[그림 7-253]

[그림 7-254]

[그림 7-255]

第 二十六 式 單鞭 (단편)

(그림 7-256~262) : 구령과 동작은 제오식(第五式) 단편(單鞭)과 같다.

[그림 7-256]

[그림 7-257]

[그림 7-258]

[그림 7-259]

[그림 7-260]

[그림 7-261]

[그림 7-262]

第 二十七 式 運手 (운수)

구령 1 (그림 7-263) : 중심(重心)을 오른쪽으로 옮긴다. 동시에 왼손은 우상방(右上方)을 향해 호(弧)를 그리는데 머리와 같은 높이가 되게 한다. 오른손은 내선(內旋)으로 돌며 왼손과 상합(相合)한다.

구령 2 (그림 7-264) : 중심(重心)을 약간 왼쪽으로 옮긴다. 동시에 양손은 왼쪽을 향하여 가슴 앞까지 운행한다.

구령 3 (그림 7-265) : 중심(重心)을 오른쪽으로 옮긴다. 양손은 오른쪽을 향해 운행하는데 왼손은 머리와 같은 높이이고 오른손은 어깨보다 약간 낮다.

[그림 7-263]

[그림 7-264]

[그림 7-265]

구령 4 (그림 7-266) : 중심(重心)을 왼쪽으로 옮긴다. 양손은 좌상방(左上方)을 향해 운행한다.

구령 5 (그림 7-267·268) : 중심(重心)을 오른쪽 다리로 옮기고 왼발을 오른발 옆으로 거두어들여 발끝으로 땅을 찍는다. 동시에 양손은 오른쪽을 향해 운행해 나간다.

구령 6 (그림 7-269) : 왼발을 들어 왼쪽을 향해 횡(橫)으로 크게 일보(一步) 내디딘다. 양손은 계속하여 오른쪽을 향해 호(弧)를 그린다.

구령 7 (그림 7-270~272) : 중심(重心)을 왼쪽으로 옮기고 오른발을 들어서 보(步)를 모은다. 왼손은 외선(外旋)으로 돌며 앞에 두고 오른손은 내선(內旋)으로 돌며 오른쪽 배 앞에 놓는다.

이하(以下)의 삼보(三步)는 앞에서와 같다. (그림 7-273~293)

❖ 요점 : 허리를 축으로 하고 몸으로 손을 이끌어야 한다. 상하상수(上下相隨)하여 합경(合勁)을 형성해야 한다. 동시에 굴슬송관(屈膝鬆髖)에 주의를 기울이고 원당(圓襠)을 유지하여야 한다.

[그림 7-266]

노가일로(老架一路) - 제이단

[그림 7-267]

[그림 7-268]

[그림 7-269]

[그림 7-270]

[그림 7-271]

[그림 7-272]

[그림 7-273]

[그림 7-274]

[그림 7-275]

진소왕태극권(陳小旺太極拳)

[그림 7-276]

[그림 7-277]

[그림 7-278]

[그림 7-279]

[그림 7-280]

[그림 7-281]

[그림 7-282]

[그림 7-283]

[그림 7-284]

노가일로(老架一路) – 제이단

[그림 7-285]

[그림 7-286]

[그림 7-287]

[그림 7-288]

[그림 7-289]

[그림 7-290]

[그림 7-291]

[그림 7-292]

[그림 7-293]

第 二十八 式 高探馬 (고탐마)

구령 1 (그림 7-294·295) : 중심(重心)을 왼쪽으로 옮긴다. 왼손은 아래에서 가슴 앞을 경유하여 왼쪽을 향해 호(弧)를 그려서 어깨와 같은 높이가 된다.

구령 2 (그림 7-296·297) : 오른발을 들어 우전방(右前方)을 향해 상보(上步)하고 발뒤꿈치로 착지(着地)한다. 양손은 아래를 향해 내선(內旋)으로 돌며 호(弧)를 그리어 가슴 앞에서 합(合)을 한다.

구령 3 (그림 7-298~300) : 중심(重心)을 오른쪽으로 옮기고 몸을 먼저 왼쪽으로 다시 오른쪽으로 돌린다. 왼손은 외선(外旋)으로 돌리며 좌상방(左上方)에까지 당겨 여는데 높이는 어깨보다 약간 높게 한다. 오른손은 외선(外旋)으로 돌며 아래로 향하여 오른쪽 과(踝) 외측(外側)에 놓는다.

구령 4 (그림 7-301) : 중심(重心)을 왼쪽으로 옮긴다. 왼손은 약간 내선(內旋)으로 돌고 오른손은 밖을 거쳐 위를 향하여 호(弧)를 그리며 어깨와 나란한 높이가 되게 한다.

구령 5 (그림 7-302~304) : 몸을 왼쪽으로 돌린다. 중심(重心)은 오른쪽 다리로 옮긴다. 왼발은 오른발 옆으로 거두어들여 발끝으로 땅을 찍는다. 왼손은 내선(內旋)으로 돌며 배 앞으로 거두어들인다. 장심(掌心)은 위로 향하게 한다. 오른손은 위로 향하고 뒤로부터

노가일로(老架一路) - 제이단

[그림 7-294]

[그림 7-295]

[그림 7-296]

[그림 7-297]

[그림 7-298]

[그림 7-299]

[그림 7-300]

[그림 7-301]

[그림 7-302]

[그림 7-303]

앞으로 향하여서 오른쪽 팔꿈치는 좌장(左掌) 위에 오게 한다.

구령 6 (그림 7-305) : 왼손은 아래로 향하여 배 앞으로 거둔다. 오른손은 우측(右側)으로 향하여 밀어내는데 장심(掌心)은 아래로 향한다. 얼굴은 북쪽으로 향한다.

❖ 요점 : 우장(右掌)이 팔뚝을 돌리고 팔꿈치를 구부려(굴주屈肘) 오른쪽 턱 아래에 붙일 때 요척(腰脊)으로 선전(旋轉)하고 아울러 좌장(左掌)과 배합(配合)되어야 한다. 먼저 말고 나중에 풀고(선권후방先捲後放) 탑요(塌腰) 송관(鬆髖)에 주의를 기울인다. 말아 넣는 경(권경捲勁)이 형성될 때 왼발은 안으로 잠가(끌어) 들여야 하며 허리와 과(胯)가 조화롭게 배합되도록 하여 원만(圓滿)하고 순응하여 따르게(원만순수圓滿順隨) 하여야 한다.

[그림 7-304]   [그림 7-304 정면도]   [그림 7-305]   [그림 7-305 정면도]

第 二十九 式 右擦脚 (우찰각)

구령 1 (그림 7-306) : 몸을 약간 오른쪽으로 돌린다. 왼손은 우상방(右上方)을 향해 호(弧)를 그려내어 오른손과 상합(相合)한다.

구령 2 (그림 7-307·308) : 몸을 약간 왼쪽으로 돌린다. 양손은 아래를 향해 운행하여 왼쪽 배 앞에까지 이르게 한다.

구령 3 (그림 7-309~311) : 왼발을 들어서 앞을 경유하여 오른쪽 과(踝)를 향하여서 오른발과 교차보(交叉步)를 이루도록 하고 바깥쪽으로 착지(着地)한다. 왼손은 위로부터 우하방(右下方)을 향하여 호(弧)를 그려서 오른손과 가슴 앞에서 교차한다. (손으로) 때리면서(찰擦) 왼발을 찰(등蹬) 때 왼손이 밖에 있도록 양손을

[그림 7-306]

[그림 7-307]

[그림 7-308]

교차하고 때리면서 오른발을 찰 때는 오른손이 밖에 오도록 양손을 교차한다.

구령 4 (그림 7-312) : 몸을 아래로 내려앉으며 양손은 위를 향하여 가슴을 지나서 정수리 위까지 들어올린다.

구령 5 (그림 7-313 · 314) : 중심(重心)을 왼쪽 다리로 옮기고 몸을 일으킨다. 동시에 오른발은 우측(右側)을 향해 위로 찬다(척퇴). 양손은 위로부터 양쪽 옆으로 때리며 내린다. 우장(右掌)이 오른쪽 발등을 때린다. 바로 이어서 오른발을 아래로 내린다.

[그림 7-308 정면도]

[그림 7-309]

[그림 7-309 정면도]

노가일로(老架一路) - 제이단

[그림 7-310]

[그림 7-311]

[그림 7-311 정면도]

[그림 7-312]

[그림 7-313]

[그림 7-314]

第 三十 式 左擦脚 (좌찰각)

구령 1 (그림 7-315) : 몸을 오른쪽으로 90° 돌린다. 오른발 뒤꿈치로 착지(着地)하고 발끝을 밖으로 벌린다. 양손은 내선(內旋)으로 돌리며 가슴 앞에서 교차한다.

구령 2 (그림 7-316) : 몸을 계속하여 오른쪽으로 90°를 돌리며 내려 앉는다. 양손은 가슴 앞을 지나 위를 향하여 정수리 위까지 들어 올린다.

구령 3 (그림 7-317·318) : 중심(重心)을 오른쪽 다리로 옮기고 몸을 위로 일으킨다. 동시에 왼쪽 다리는 좌측(左側)을 향하여 위로 찬다(척踢). 양손은 위로부터 양쪽 옆을 향하여 때리며 내리는데

[그림 7-315]

[그림 7-316]

노가일로(老架一路) - 제이단

좌장(左掌)으로 왼발 발등을 친다. 바로 이어서 왼발을 아래로 내린다. 얼굴은 남쪽으로 향한다.

❖ 요점 : 좌우(左右)로 삽각(揷脚)을 하는 것은 하지(下肢)로 발경(發勁)하는 것이 위주이다. 양쪽 장(掌)을 역전사(逆纏絲)로 위로 붕(상붕上掤)을 할 때에 주의를 기울일 것은, 탑요(塌腰)가 주(主)가 되고 상붕(上掤)은 부(副)가 되도록 하는 것이다. 위로 올라가는 것이 있으면 아래로 내려가는 것이 있도록 하여서 양쪽 장(掌)을 아래로 가격하고 발을 위로 찰(척踢) 때 몸이 손을 이끌도록 하고 안으로부터 발(發)하도록 하여야 한다.

[그림 7-317]

[그림 7-318]

진소왕태극권(陳小旺太極拳)

第 三十一 式 左蹬一跟 (좌등일근)

구령 1 (그림 7-319~321) : 오른발을 안으로 끌어당기고 몸을 왼쪽으로 180° 돌린다. 동시에 왼발을 오른발의 안쪽으로 떨구고 발끝으로 땅을 찍는다. 양손은 양쪽 옆으로부터 아래로 내려 배 앞에서 합(合)을 한다.

구령 2 (그림 7-322~324) : 왼발을 들어 좌측(左側)을 향해 신속하게 찬다(등蹬). 동시에 양손은 힘을 써서 양쪽 옆을 향해 밀어낸다. 왼발은 바로 이어서 방송(放鬆)하여 아래로 내린다. 양손은 내선(內旋)으로 돌리며 약간 거두어들인다. 얼굴은 북쪽으로 향한다.

❖ 요점 : 양손 장(掌)이 합(合)을 할 때 팔꿈치의 안쪽(주와肘窩)은 둘 다 열리

[그림 7-319]　　　[그림 7-320]　　　[그림 7-321]　　　[그림 7-321 정면도]

노가일로(老架一路) - 제이단

는(쌍개雙開) 의(意)를 가져야 한다. 양쪽 무릎은 약간 합(合)을 하고 관(髖)은 송개(鬆開)한다. 발을 들고 팔을 붕(掤)하는 것은 축경(蓄勁)이 된다. 기침단전(氣沈丹田)을 하고 등근(蹬跟)을 할 때 경(勁)은 깔끔(취脆)하여야 하며 반드시 주신(周身)이 상합(相合)하여야 한다. 다리를 지탱(支撑)하여 중심(重心)을 통제하고 발가락은 땅을 움켜쥐고 족심(足心)은 비우도록(공空) 한다.

> 단단하고자 하면 먼저 부드러워야 하고,
> 드날리고자 하면 먼저 억제하라.[2]

---

2) 欲剛先柔, 欲揚先抑欲剛先柔 (욕강선유, 욕양선억.).

[그림 7-322]

[그림 7-322 정면도]

[그림 7-323]

[그림 7-324]

第 三十二 式 上三步 (상삼보)

(그림 7-325~331) 구령과 동작은 제십식(第十式) 상삼보(上三步)와 같다. 얼굴은 서쪽으로 향한다.

[그림 7-325]

[그림 7-326]

[그림 7-327]

[그림 7-328]

[그림 7-329]

[그림 7-330]

[그림 7-331]

第三十三式 擊地捶 (격지추)

구령 1 (그림 7-332) : 몸을 약간 오른쪽으로 돌리고 중심(重心)을 왼쪽 다리로 옮긴다. 양손은 내선(內旋)으로 돌리며 주먹을 쥔다.

구령 2 (그림 7-333~335) : 몸을 왼쪽으로 돌린다. 오른발 발끝은 안으로 끌어당겨 잠근다. 동시에 왼손 주먹은 아래로부터 위를 향하여 외선(外旋)으로 돌리며 몸의 좌상방(左上方)에 오게 하는데 머리보다 약간 높게 한다. 오른손 주먹은 뒤로부터 어깨 위를 지나 아래를 향하여 주먹을 내리꽂으며(재권栽拳) 힘껏 아래로 가격한다. 얼굴은 서쪽으로 향한다.

[그림 7-332]　　　　[그림 7-333]　　　　[그림 7-333 정면도]

❖ 요점 : 몸을 옆으로 기울이고 어깻죽지에 순응한다.(측신순방側身順膀) 몸이 비록 앞으로 숙여져 있더라도 미려정중(尾閭正中)하여야 하고 송요(鬆腰) 낙관(落髖)[3] 기침단전(氣沈丹田)을 하여야 하며 보법(步法)이 안정 되어야 한다.

---

3) 즉 송요낙과(鬆腰落胯). 허리를 방송(放鬆)하고 과(胯)를 떨어뜨리다.

[그림 7-334]

[그림 7-335]

[그림 7-335 정면도]

第 三十四 式 踢二起 (척이기)

구령 1 (그림 7-336·337) : 중심(重心)을 오른쪽으로 옮긴다. 동시에 왼손 주먹은 아래를 향하여 외선(外旋)으로 돌며 왼쪽 무릎 옆에 오고 오른쪽 팔뚝은 팔꿈치를 구부려 위로 향하게 외선(外旋)으로 돌며 가슴 앞으로 들어올린다.

구령 2 (그림 7-338~341) : 중심(重心)을 왼쪽 다리로 옮기고 몸을 오른쪽으로 180° 돌린다. 오른발은 왼발의 한쪽 옆으로 거두고 발끝으로 땅을 찍는다. 동시에 왼손 주먹은 몸 뒤를 지나 호(弧)를 그리며 왼쪽 어깨의 전상방(前上方)에 오게 한다. 오른손 주먹은 몸의 우측에까지 떨어진다.

[그림 7-336]

[그림 7-337]

[그림 7-337 정면도]

구령 3 (그림 7-342·343) : 몸을 약간 오른쪽으로 돌린다. 오른손 주먹을 장(掌)으로 바꾸어 몸의 뒤쪽 옆을 경유하여 위로 오른쪽 어깨 위에까지 올라가고 왼손 주먹은 외선(外旋)으로 돌며 장(掌)으로 변하여 약간 떨어져 내려 왼쪽 어깨 앞에 이른다.

구령 4 (그림 7-344~347) : 오른발을 실(實)하게 디디고 왼쪽 다리를 위로 들었다가 바로이어 아래로 내린다. 아직 땅에 떨어지기 전에 오른발로 신속하게 땅을 차고(등蹬) 발등을 곧게 펴서 힘껏 위로 찬다(척踢). 동시에 우장(右掌)은 힘을 써서 앞으로 향하여서 오른발 발등을 때린다. 좌장(左掌)은 앞으로부터 뒤로 향하여 호(弧)를 그리며 좌측(左側)에 이르고 오른발이 왼발의 안쪽으로 떨어져 내린다. 얼굴은 동쪽으로 향한다.

❖ 요점 : 이 초식(招式)은 허리 부위가 먼저 횡(橫)으로 돌고 계속하여 상하(上下)가 절첩(折疊)을 하며 좌우(左右) 상하(上下)로 경(勁)을 바꾼다. 연습할 때 허리와 다리의 전환(轉換)에서 조화롭게 일치하도록 주의를 기울여야 한다.

노가일로(老架一路) - 제이단

[그림 7-338]　　　[그림 7-339]　　　[그림 7-340]　　　[그림 7-341]

[그림 7-342]　　　　　[그림 7-343]　　　　　[그림 7-344]

[그림 7-345]　　　　　[그림 7-346]　　　　　[그림 7-347]

第 三十五 式 護心拳 (호심권)

구령 1 (그림 7-348~350) : 중심(重心)을 오른쪽 다리로 옮기고 왼발을 들어 왼쪽을 향해 보(步)를 낸다. 몸을 먼저 왼쪽으로 돌리고 다시 오른쪽으로 돌린다. 좌장(左掌)은 가슴 앞을 지나 우측(右側)을 향해 호(弧)를 그리고 우장(右掌)은 외선(外旋)으로 돌아 왼손과 오른쪽 가슴 앞에서 합(合)을 한다.

구령 2 (그림 7-351~353) : 중심(重心)을 왼쪽 다리로 옮긴다. 몸은 먼저 오른쪽을 돌고 다시 왼쪽으로 돈다. 오른발을 반보(半步) 거두어들이고 발끝으로 땅을 찍는다. 동시에 양손은 가슴 앞을 거쳐 왼쪽을 향해 호(弧)를 그리는데 좌장(左掌)은 어깨보다 약간 높게 하고 오른손은 오른쪽 가슴 앞에 오도록 한다.

구령 3 (그림 7-354~356) : 오른발을 들어 우전방(右前方)을 향해 보(步)를 내어 발뒤꿈치로 착지(着地)한다. 몸은 약간 왼쪽으로 돌리고 양손은 왼쪽을 향하여 운행하여 좌상방(左上方)에 이르게 한다.

구령 4 (그림 7-357·358) : 중심(重心)을 오른쪽 다리로 옮긴다. 왼손은 약간 내선(內旋)으로 돌며 위로 향하고 오른손은 가슴 앞을 지나 아래를 향하여 호(弧)를 그리어 오른쪽 무릎 앞에 오게 한다.

구령 5 (그림 7-359~360) : 몸을 먼저 우후방(右後方)으로 향하고 나

노가일로(老架一路) – 제이단

[그림 7-348]

[그림 7-349]

[그림 7-350]

[그림 7-351]

[그림 7-352]

[그림 7-353]

[그림 7-354]

[그림 7-355]

[그림 7-355 정면도]

[그림 7-356]

[그림 7-357]

중에 왼쪽으로 돌리고 약간 하침(下沈)한다. 동시에 왼손은 주먹으로 바꾸어 아래를 향하여 내선(內旋)으로 돌아 가슴 앞에까지 이른다. 권심(拳心)은 안쪽으로 향한다. 오른손은 주먹으로 바꾸어 위로 들어올리는데 팔꿈치를 구부리어 왼손 주먹과 가슴 앞에서 상합(相合)한다. 얼굴은 동북쪽으로 향한다.

❖ 요점 : 오른손 주먹을 위로 들고 왼손 주먹을 외선(外旋)으로 돌리며 하침(下沈)할 때, 중심(重心)을 오른쪽으로 옮기는 것이 주(主)이고 양손 주먹의 동작은 보조가 된다. 양손 주먹은 하나는 위에 하나는 아래에 있어서 자연스럽게 가슴을 보호하는(호흉護胸) 동작이 형성된다. 중심을 오른발로 옮길 때, 양손 주먹은 동시에 안쪽으로 합(合)을 한다. 연습할 때 당구(膽口)는 약간 낮게 하여야 하며 양쪽 다리의 허실(虛實) 변환은 분명하게 하여야 하며 미려중정(尾閭中正)이 되어야 한다.

[그림 7-358]

[그림 7-359]

[그림 7-360]

노가일로(老架一路) - 제이단

第 三十六 式 旋風脚 (선풍각)

구령 1 (그림 7-361~364) : 몸을 오른쪽으로 돌리고 중심(重心)을 왼쪽 다리로 옮긴다. 오른발을 들어 왼발 옆으로 거두어들여서 발끝으로 땅을 찍는다. 동시에 양손 주먹을 장(掌)으로 바꾸어 약간 오른쪽을 향하여 호(弧)를 그리며 배 앞을 지나 가슴 앞에까지 이르게 한다.

구령 2 (그림 7-365~367) : 몸을 왼쪽으로 돌리고 다시 오른쪽으로 돌린다. 오른발을 앞으로 반보(半步) 내딛고 발뒤꿈치로 착지(着地)하고 발끝을 밖으로 벌린다. 양손은 좌상우하(左上右下)로 하여 내선(內旋)으로 돌리며 가슴 앞에서 교차시킨다.

[그림 7-361]   [그림 7-362]   [그림 7-363]

구령 3 (그림 7-368~371) : 중심(重心)을 오른쪽 다리로 옮긴다. 왼쪽 다리는 왼쪽으로부터 우상방(右上方)을 향하여 부채 모양을 만들며 안으로 합(合)을 한다. 동시에 양손은 양쪽 옆을 향해 나누어 벌린다. 좌장(左掌)은 왼발의 안쪽을 향하여 마주 쳐 나간다. 몸은 오른쪽을 향해 180° 선전(旋轉)하고 왼발은 세(勢)에 순응하여 오른발 옆으로 떨구어 발끝으로 땅을 찍는다. 양손은 내선(內旋)으로 돌며 배 앞에서 합(合)을 한다.

❖ 요점 : 오른발을 밖으로 벌릴 때, 몸은 중정(中正)을 유지하여야 한다. 왼쪽 과(胯)를 방송(放鬆)하여 내리면서 양손이 붕경(掤勁)을 잃지 않아야 몸을 선전(旋轉)하는 조건을 제공할 수 있다. 이 초식(招式)은 몸이 좌우(左右)로 선전(旋轉)하는 가운데 완성이 되며 빠르고 안정되어야 한다.

노가일로(老架一路) - 제이단

[그림 7-364]

[그림 7-364 정면도]

[그림 7-365]

[그림 7-366]

[그림 7-367]

[그림 7-368]

[그림 7-369]

[그림 7-370]

[그림 7-371]

[그림 7-371 정면도]

第 三十七式 右蹬一跟 (우등일근)

구령 1 (그림 7-372~374) : 왼발을 들어 왼쪽을 향해 횡(橫)으로 일보(一步) 나간다. 양손은 가슴 앞을 지나 양쪽 옆을 향해 나누어 벌린다.

구령 2 (그림 7-375~377) : 중심(重心)을 왼쪽 다리로 옮기고 오른쪽 다리를 위로 든다. 동시에 양손은 아래로 떨어뜨려 안쪽을 향해 가슴 앞에서 교차한다.

구령 3 (그림 7-378·379) : 오른발은 우측(右側)을 향해 차내고(등蹬) 양손은 힘을 써서 양쪽 옆을 향해 밀어낸다. 그런 다음 양쪽 팔뚝은 오른쪽 다리를 따라 세(勢)에 순응하여 아래로 떨어뜨려 몸의 양 옆에 이르게 한다.

❖ 요점 : 제삼십일식(第三十一式) 좌등일근(左蹬一跟)과 같다.

노가일로(老架一路) - 제이단

[그림 7-372]

[그림 7-373]

[그림 7-374]

[그림 7-375]

[그림 7-376]

[그림 7-377]

[그림 7-378]

[그림 7-379]

第三十八式 掩手肱拳 (엄수굉권)

구령 1 (그림 7-380~382) : 몸을 오른쪽으로 90° 돌린다. 오른손 주먹은 아래로부터 가슴 앞을 지나 위로 향하여 어깨보다 약간 높게 한다. 왼손 주먹은 왼쪽 과(胯) 옆에 있게 한다. 양손 주먹은 좌상우하(左上右下)로 하여 동시에 발력(發力)한다.

(그림 7-383~389) : 구령과 동작은 제십사식(第十四式) 엄수굉권(掩手肱拳)과 같다.

[그림 7-380]

[그림 7-381]

[그림 7-382]

[그림 7-383]

노가일로(老架一路) – 제이단

[그림 7-384]

[그림 7-385]

[그림 7-386]

[그림 7-387]

[그림 7-388]

[그림 7-389]

❂ 제삼단(第三段) ❂

第三十九式 · 小禽打(소금타)	第四十八式 · 玉女穿梭(옥녀천사)
第 四十 式 · 抱頭推山(포두추산)	第四十九式 · 懶扎衣(나찰의)
第四十一式 · 六封四閉(육봉사폐)	第 五十 式 · 六封四閉(육봉사폐)
第四十二式 · 單鞭(단편)	第五十一式 · 單鞭(단편)
第四十三式 · 前招(전초)	第五十二式 · 運手(운수)
第四十四式 · 後招(후초)	第五十三式 · 雙擺蓮(쌍파련)
第四十五式 · 野馬分鬃(야마분종)	第五十四式 · 跌岔(질차)
第四十六式 · 六封四閉(육봉사폐)	第五十五式 · 金鷄獨立(금계독립)
第四十七式 · 單鞭(단편)	

[그림 7-390]

[그림 7-391]

[그림 7-392]

第 三十九 式 小禽打 (소금타)

구령 1 (그림 7-390·391) : 중심(重心)을 오른쪽으로 옮기고 몸을 오른쪽으로 돌린다. 왼손은 좌하방(左下方)을 향하여 뻗어내고 오른손주먹은 장(掌)으로 바꾸어 오른쪽으로 비스듬한 위쪽을 향해 운행하여 머리와 같은 높이가 되게 한다.

구령 2 (그림 7-392~394) : 중심(重心)을 왼쪽 다리로 옮기고 오른쪽 다리를 들어 우전방(右前方)을 향하여 상보(上步)한다. 동시에 왼손을 위로 들어 거두어들이고 오른손은 아래로 향하고 다시 위로 향하여서 왼손과 가슴 앞에서 교차한다. 왼손은 오른쪽 하박부의 중간쯤에 위치한다.

[그림 7-393]　　　　[그림 7-394]　　　　[그림 7-395]

구령 3 (그림 7-395~397) : 중심(重心)을 오른쪽 다리로 옮기고 몸을 오른쪽으로 90° 돌린다. 왼발을 들어 횡(橫)으로 크게 일보(一步) 내디디어 발뒤꿈치로 착지(着地)한다. 양손은 동시에 양쪽 옆을 향하여 나누어 벌리는데 왼손은 왼쪽 무릎 위쪽에 오게 하고 오른손은 머리와 같은 높이가 되게 한다.

구령 4 (그림 7-398·390) : 중심(重心)을 왼쪽 다리까지 옮긴다. 왼손은 좌측(左側)을 향해 호(弧)를 그려내어 어깨와 같은 높이가 되게 한다. 오른손은 아래로 향하고 왼쪽을 향하게 호(弧)를 그려 배 앞에 오게 한다.

구령 5 (그림 7-400·401) : 중심(重心)을 오른쪽으로 옮긴다. 양손은 왼쪽으로부터 오른쪽을 향해 운행하여서 어깨보다 약간 높게 한다.

구령 6 (그림 7-402~404) : 몸을 약간 오른쪽으로 돌리고 다시 왼쪽으로 돌린다. 중심(重心)은 왼쪽 다리로 옮긴다. 왼손 팔뚝은 횡(橫)으로 가로질러 놓고 오른손은 입장(立掌)으로 세워 좌전방(左前方)을 향하여 밀어낸다. 얼굴은 동쪽으로 향한다.

❖ 요점 : 앞을 향해 상보(上步)할 때 당(膛)은 개(開)하여야 하고, 허실(虛實)은 분명하게 나누어야 하며, 무릎을 굽히고 과(胯)를 방송(放鬆)하여야 한다. 중심(重心)은 하침(下沈)하는 것이 주(主)이고 신법(身法)은 적합하게 조절하도록 한다. 보(步)를 내는 것은 경령(輕靈)하게 한다. 양쪽 다리의 허실(虛實) 변화는 반드시 몸으로써 손을 이끌고 상하상수(上下相隨)하여야 한다.

노가일로(老架一路) - 제삼단

[그림 7-396]

[그림 7-397]

[그림 7-398]

[그림 7-399]

[그림 7-400]

[그림 7-401]

[그림 7-402]

[그림 7-403]

[그림 7-404]

第 四十 式 抱頭推山 (포두추산)

구령 1 (그림 7-405) : 양손을 상합(相合)하여 약간 거두어들여 가슴 앞에서 교차한다.

구령 2 (그림 7-406) : 중심(重心)을 오른쪽으로 옮기고 몸을 약간 오른쪽으로 돌린다.

구령 3 (그림 7-407·408) : 중심(重心)을 왼쪽 다리로 옮기고 몸을 오른쪽으로 돌린다. 오른발을 들어 왼발 옆으로 거두어들여 발끝으로 땅을 찍는다. 뒤이어 양손은 가슴 앞을 거쳐 몸의 양 옆으로 나누는데 어깨보다 약간 낮게 한다.

구령 4 (그림 7-409~411) : 몸을 왼쪽으로 돌리고 오른발을 들어 우전

[그림 7-405]

[그림 7-406]

[그림 7-407]

[그림 7-408]

노가일로(老架一路) - 제삼단

방(右前方)을 향하여 크게 일보(一步) 내디딘다. 동시에 양손은 몸 양옆을 거쳐 양쪽 귀 옆에 놓는다.

구령 5 (그림 7-412) : 중심(重心)을 오른쪽 다리로 옮기고 몸을 오른쪽으로 90° 돌린다. 양손은 앞을 향해 밀어낸다. 얼굴은 서남쪽으로 향한다.

❖ 요점 : 이 초식(招式)은 대개대합(大開大合)을 한다. 상하(上下)가 배합(配合)되도록 주의를 기울여야 하고 쌍장(雙掌)을 평분(平分)할 때 양쪽 무릎은 상합(相合)하여야 한다. 쌍장(雙掌)은 양쪽 귀 옆을 거쳐 동시에 일보(一步)를 크게 내디디며 밀어낸다. 경(勁)은 충족하고도 길어서 세(勢)가 마치 산을 미는 듯 하여야 한다.

[그림 7-409]   [그림 7-410]   [그림 7-411]   [그림 7-412]

第四十一式 六封四閉 (육봉사폐)

구령 1 (그림 7-413·414) : 중심(重心)을 왼쪽으로 옮기고 몸을 왼쪽으로 돌린다. 동시에 양손은 아래로 향하여 호(弧)를 그리며 배 앞에 이르게 한다.

구령 2 (그림 7-415·416) : 중심(重心)을 오른쪽 다리로 옮기고 양손은 왼쪽을 거쳐 위를 향하여 왼쪽 어깨 위까지 운행한다.

구령 3 (그림 7-417) : 왼발을 들어 오른발 안쪽에 이르게 하여 어깨와 같은 넓이로 한다. 양손은 우측방(右側方)을 향하여 밀어낸다.

❖ 요점 : 제사식(第四式) 육봉사폐(六封四閉)와 같다.

[그림 7-413]

[그림 7-414]

[그림 7-415]

第 四十二 式 單鞭 (단편)

(그림 7-418~422) : 구령과 동작은 제오식(第五式) 단편(單鞭)과 같다.

[그림 7-416]   [그림 7-417]   [그림 7-418]   [그림 7-419]

[그림 7-420]   [그림 7-421]   [그림 7-422]

第 四十三 式 前招 (전초)

구령 1 (그림 7-423) : 중심(重心)을 오른쪽으로 옮긴다. 왼손은 오른쪽을 향하여 호(弧)를 그리어 머리와 같은 높이로 하여 오른손 구수(鉤手)와 상합(相合)한다.

구령 2 (그림 7-424 · 425) : 중심(重心)을 왼쪽으로 옮긴다. 동시에 양손은 왼쪽을 향하여 몸 앞으로 운행한다.

구령 3 (그림 7-426~428) : 중심(重心)을 오른쪽 다리로 옮기고 왼발을 들어 오른발 안쪽으로 거두어들여 발끝으로 땅을 찍는다. 동시에 왼손은 좌상방(左上方)으로부터 몸 앞을 지나 호(弧)를 그리며 배 앞에 이르게 한다. 오른손은 호(弧)를 그리며 우측(右側)의 앞에 오게 하는데 어깨보다 약간 높게 한다.

구령 4 (그림 7-429) : 왼발을 들어 좌전방(左前方)을 향해 보(步)를 내어 발뒤꿈치로 착지(着地)한다.

구령 5 (그림 7-430~432) : 중심(重心)을 왼쪽 다리로 옮기고 오른발을 들어 앞을 향해 상보(上步)하여 발끝으로 땅을 찍는다. 동시에 양손은 오른쪽으로부터 좌전방(左前方)을 향하여 운행하는데 왼손은 왼쪽 어깨 앞에 이르게 하고 오른손은 오른쪽 배 앞에 이르게 한다.

노가일로(老架一路) – 제삼단

[그림 7-423]   [그림 7-424]   [그림 7-425]

[그림 7-426]   [그림 7-427]   [그림 7-428]

[그림 7-429]   [그림 7-430]   [그림 7-431]   [그림 7-432]

第 四十四 式 後招 (후초)

구령 1 (그림 7-433~435) : 몸을 오른쪽으로 돌린다. 왼손은 좌상방(左上方)으로부터 아래를 향하여 호(弧)를 그려 배 앞에 이르고 오른손은 아래로부터 왼쪽을 경유하여 우전방(右前方)을 향하여 호(弧)를 그리며 오른쪽 어깨 앞에 이르게 한다.

❖ 요점 : 연습할 때 선요전배(旋腰轉背)[4]를 위주로 한다. 몸을 왼쪽으로 돌리고(전초前招) 오른쪽으로 돌리며(후초後招) 당(膛)을 열어야 하고 양쪽 무릎은 반드시 합(合)하여야 한다. 전초(前招)에서 후초(後招)로 변할 때에 경(勁)을 쓰는 방향을 바꾼다. 쌍장(雙掌)은 순전사(順纏絲)는 역

---
4) 허리와 등을 선전(旋轉)하다. 선요전척(旋腰轉脊)과 비슷한 의미이다.

[그림 7-433]

[그림 7-434]

[그림 7-435]

전사(逆纏絲)로 변하고 역전사(逆纏絲)는 순전사(順纏絲)로 변한다. 양쪽 발은 움직이지 않는다. 이때 하지(下肢)의 순역(順逆) 변화가 비교적 뚜렷하다.

第 四十五 式 野馬分鬃 (야마분종)

구령 1 (그림 7-436~438) : 오른발을 들어 오른쪽을 향해 크게 일보(一步) 내디디어 발뒤꿈치로 착지(着地)한다. 양손은 왼손은 외선(外旋)으로 오른손은 내선(內旋)으로 돌며 오른쪽을 향해 운행한다. 왼손은 머리의 좌상방(左上方)에까지 운행하고 오른손은 오른쪽 무릎의 위쪽에까지 운행한다.

[그림 7-436]

[그림 7-437]

[그림 7-438]

구령 2 (그림 7-439~441) : 중심(重心)을 오른쪽으로 옮긴다. 왼손은 위로부터 아래를 향하여 호(弧)를 그리며 왼쪽 무릎의 위에까지 운행하고 오른손은 아래로부터 위를 향하여 배 앞을 경유하여 호(弧)를 그리며 머리의 우상방(右上方)에 이르도록 운행한다.

구령 3 (그림 7-442~444) : 몸을 오른쪽으로 180° 돌린다. 왼발을 들어 크게 일보(一步) 나가서 발뒤꿈치로 착지(着地)한다. 동시에 양손은 왼쪽으로부터 위를 거쳐 좌측방(左側方)에까지 운행한다.

구령 4 (그림 7-445) : 중심(重心)을 왼쪽 다리로 옮긴다. 양손은 좌측방(左側方)을 향하여 몸의 좌측(左側)에까지 운행한다.

❖ 요점 : 좌우 양손이 번갈아가며 좌우 양 옆을 향하여 위로부터 아래로 팔꿈

[그림 7-439]

[그림 7-440]

[그림 7-441]

노가일로(老架一路) - 제삼단

치를 구부리고 팔을 선전(旋轉)하며 밖으로 퉁겨(발발撥)낸다. 정경(頂勁)으로 이끌어주고 당경(膛勁)은 허허롭게 원(圓)이어야 한다. 양발은 양손이 교착(交錯)하는 것을 따라 앞을 향해 상보(上步)한다. 상하상수(上下相隨)하고 몸과 손이 배합되도록 주의를 기울여야 한다.

[그림 7-442]

[그림 7-443]

[그림 7-444]

[그림 7-445]

第 四十六 式 六封四閉 (육봉사폐)

구령 1 (그림 7-446·447) : 중심(重心)을 오른쪽으로 옮긴다. 양손은 몸 앞을 경유하여 오른쪽을 향해 오른쪽 배 앞에까지 운행한다.

구령 2 (그림 7-448·449) : 몸을 약간 오른쪽으로 돌리고 다시 왼쪽으로 돌린다. 동시에 양손은 아래로부터 위를 향하여 얼굴의 전방(前方)에까지 운행한다.

구령 3 (그림 7-450·451) : 중심(重心)을 왼쪽으로 옮기고 몸을 왼쪽으로 180° 돌린다. 동시에 오른발을 들어 횡(橫)으로 크게 일보(一步) 내디딘다.

구령 4 (그림 7-452·453) : 중심(重心)을 오른쪽 다리로 옮긴다. 양

[그림 7-446]

[그림 7-447]

[그림 7-448]

손은 우측방(右側方)을 향하여 운행한다.

구령 5 (그림 7-454) : 중심을 왼쪽 다리로 옮긴다. 양손은 아래를 향하여 배 앞에까지 운행한다.

구령 6 (그림 7-455·456) : 양손은 좌상방(左上方)을 향하여 호(弧)를 그리는데 어깨보다 약간 높게 한다.

구령 7 (그림 7-457) : 중심(重心)을 오른쪽으로 옮긴다. 양손은 왼쪽 귀 옆으로 거두어들인다.

구령 8 (그림 7-458) : 중심(重心)을 오른쪽 다리로 옮기고 왼발을 거두어들여 발끝으로 땅을 찍는다. 양발은 어깨와 같은 넓이로 한다. 동시에 양손은 우전방(右前方)을 향하여 밀어내는데 어깨와 같은 넓이로 한다.

[그림 7-449]

[그림 7-450]

[그림 7-451]

❖ 요점 : 제사식(第四式) 육봉사폐(六封四閉)와 같다.

第 四十七 式 單鞭 (단편)

(그림 7-459~463) : 구령과 동작은 제오식(第五式) 단편(單鞭)과 같다.

[그림 7-452]

[그림 7-453]

[그림 7-454]

노가일로(老架一路) - 제삼단

[그림 7-455]

[그림 7-456]

[그림 7-457]

[그림 7-458]

[그림 7-459]

[그림 7-460]

[그림 7-461]

[그림 7-462]

[그림 7-463]

第 四十八 式 玉女穿梭 (옥녀천사)

구령 1 (그림 7-464) : 중심(重心)을 오른쪽으로 옮긴다. 오른손 구수(鉤手)는 안쪽을 향해 오른쪽 가슴 앞으로 거두어들인다.

구령 2 (그림 7-465) : 중심(重心)을 오른쪽으로 옮기고 왼손은 하침(下沈)한다. 동시에 오른손 구수(鉤手)는 장(掌)으로 바꾼다.

구령 3 (그림 7-466~468) : 중심(重心)을 왼쪽 다리로 옮긴다. 몸을 오른쪽으로 돌리고 오른발을 들어 왼발의 안쪽으로 거두어들여 발끝으로 땅을 찍는다. 동시에 왼손은 좌상방(左上方)을 거쳐 호(弧)를 그리고 오른손은 우하방(右下方)으로부터 호(弧)를 그려 배 앞에서 상합(相合)한다.

구령 4 (그림 7-469·470) : 양손은 몸을 따라 약간 위로 이끌어 올린 후 바로 이어서 내려앉는다.

구령 5 (그림 7-471·472) : 양손은 위로 향하여 오른발을 들어 올리는 것과 동시에 진행한다. 바로 이어서 왼발을 약간 도약하듯 튀게 하고 바로 이어서 양발로 진각(震脚)을 한다. 양손은 아래로 안(按)을 한다.

구령 6 (그림 7-473) : 오른손을 앞으로 밀고 왼쪽 팔뚝을 뒤로 거둔다.

구령 7 (그림 7-474) : 왼발을 들고 동시에 왼손은 앞으로 민다. 오른쪽 팔뚝은 뒤로 거둔다.

구령 8 (그림 7-475~477) : 왼발을 땅에 떨구고 오른발을 들어 몸을 180° 돌리고 오른쪽을 향하여 크게 일보(一步) 나간다. 얼굴은 남쪽으로 향한다.

❖ 요점 : 쌍장(雙掌)을 교차하고 양발을 아래로 진각(震脚)하는데 왼발을 먼저 진각(震脚)하고 오른발은 나중에 진각(震脚)한다. 주신(周身)은 상합(相合)하도록 한다. 왼발을 앞으로 도약하는데 멀리 뛸수록 좋다. 이 초식(招式)은 평종법(平縱法)이다. 좌장(左掌)을 앞으로 밀 때 빠르게 하면 할수록 좋다. 왼발을 앞을 향해 땅에 떨굴 때 중심(重心)이 신속하게 따라 붙어야 하며 다리는 구부려야 한다. 바로 이어서 오른쪽을 향해 몸이 돌고 중심(重心)이 하침(下沈)하며 몸을 방송(放鬆)한다. 양손은 자연스럽게 몸과 배합하여 균형을 유지하도록 한다.

[그림 7-464]

[그림 7-465]

[그림 7-466]

진소왕태극권(陳小旺太極拳)

[그림 7-467]

[그림 7-468]

[그림 7-469]

[그림 7-470]

[그림 7-471]

[그림 7-472]

[그림 7-473]

[그림 7-474]

[그림 7-475]

[그림 7-476]

[그림 7-477]

노가일로(老架一路) - 제삼단

第四十九式 懶扎衣 (나찰의)

(그림 7-478~484) : 동작과 구령은 제삼식(第三式) 나찰의(懶扎衣)와
　　　　　　　같다.

[그림 7-478]　　　[그림 7-479]　　　[그림 7-480]　　　[그림 7-481]

[그림 7-482]　　　　　[그림 7-483]　　　　　[그림 7-484]

第五十式 六封四閉 (육봉사폐)

(그림 7-485~489) : 구령과 동작은 제사식(第四式) 육봉사폐(六封四閉)와 같다.

[그림 7-485]

[그림 7-486]

[그림 7-487]

[그림 7-488]

[그림 7-489]

第五十一式 單鞭 (단편)

(그림 7-490~493) : 구령과 동작은 제오식(第五式) 단편(單鞭)과 같다.

[그림 7-490]

[그림 7-491]

[그림 7-492]

[그림 7-493]

第 五十二 式 運手 (운수)

(그림 7-494~505) : 구령과 동작은 제이십칠식(第二十七式) 운수(運手)와 같다.

[그림 7-494]

[그림 7-495]

[그림 7-496]

노가일로(老架一路) - 제삼단

[그림 7-497]

[그림 7-498]

[그림 7-499]

[그림 7-500]

[그림 7-501]

[그림 7-502]

[그림 7-503]

[그림 7-504]

[그림 7-505]

第 五十三 式 雙擺蓮 (쌍파련)

구령 1 (그림 7-506 · 507) : 중심(重心)을 왼쪽 다리로 옮긴다. 양손은 우상방(右上方)을 향하여 호(弧)를 그리고 다시 몸의 우측(右側)으로 내려 떨군다.

구령 2 (그림 7-508~511) : 오른쪽 다리를 들어 좌전방(左前方)을 향하여 부채꼴로 밖으로 벌려 찬다(파擺). 양손은 좌전방(左前方)을 향하여 호(弧)를 그려서 발의 측면을 맞이하여 친다. 뒤이어서 오른쪽 다리를 거두어들인다. 얼굴은 남쪽으로 향한다.

❖ 요점 : 오른발을 들때 왼쪽 과(胯)는 방송(放鬆)하여야 한다. 요경(腰勁)을 사용하여 오른발이 들리도록하고 신법(身法)은 구부려 축경(蓄勁)하도

[그림 7-506]

[그림 7-507]

[그림 7-508]

노가일로(老架一路) - 제삼단

록 하고 몸의 높이가 기복(起伏)을 일으켜서는 아니 된다. 발을 돌려 찰(파족擺足) 때 단순하게 쌍장(雙掌)으로 발등을 치는 것이 아니라 허리를 축(軸)으로 하여 오른발을 이끌어 움직여서 밖으로 돌려(벌려) 차고 쌍장(雙掌)은 반대 방향에서 맞이하여 치는 것이다.

[그림 7-509]

[그림 7-510]

[그림 7-511]

第 五十四 式 跌岔(질차)

구령 1 (그림 7-512·513) : 오른발을 아래로 진각(震脚)하고 바로 이어서 왼발을 든다. 동시에 왼손은 아래로 향하고 오른손은 위로 향하여 가슴 앞에서 합(合)을 한다.

구령 2 (그림 7-514) : 몸을 아래로 내려앉는다. 왼발을 좌측방(左側方)을 향하여 차내고(등蹬) 왼손은 앞을 향하여 호(弧)를 그리어 왼쪽 정강이 안쪽에 오게 한다. 오른손은 밖을 향하여 호(弧)를 그려 오른쪽으로 비스듬한 전방에 오게 한다.

❖ 요점 : 이 초식(招式)은 몸이 아래로 향한다. 양쪽 다리를 벌려 열어 아래로 넘어지듯 내려가는 것을 질차(跌岔)라고 한다. 질차(跌岔)는 왼발을 곧

[그림 7-512]

[그림 7-513]

[그림 7-514]

게 뻗고 오른쪽 무릎을 전부 착지(着地)하여도 되고 또 양쪽 다리를 일제히 전개할 수도 있는데 쌍차(雙岔)라고 부른다. 연습할 때 몸의 조건에 따라 선택하여야 한다. 초학자는 높게 하여도 되고 숙달된 후에 차츰 낮추어가도 된다. 다리부위의 운동상해(運動傷害)를 피하기 위함이다.

第 五十五 式 金鷄獨立 (금계독립)

구령 1 (그림 7-515 · 516) : 몸을 왼쪽으로 돌리고 중심(重心)을 왼쪽 다리로 옮기어 좌궁보(左弓步)를 이룬다. 동시에 왼손은 앞을 향해 왼쪽 무릎 위에까지 꿰뚫고(천穿) 오른손은 호(弧)를 그리며 몸의 우측(右側)으로 내려 떨군다.

[그림 7-515]

[그림 7-516]

진소왕태극권(陳小旺太極拳)

구령 2 (그림 7-517) : 오른발을 들어 앞을 향해 왼발의 안쪽으로 떨구어 발끝으로 땅을 찍는다. 오른손은 앞을 향하여 배 앞에 이르게 한다.

구령 3 (그림 7-518~520) : 오른쪽 다리를 들어 발끝이 자연스럽게 아래로 늘어뜨려지게 한다. 오른손은 아래로부터 왼쪽 팔뚝 안쪽을 지나 위를 향하여 받쳐 올린다. 동시에 왼손은 아래로 왼쪽 다리의 밖에까지 안(按)을 한다.

구령 4 (그림 7-521·522) : 오른손은 오른발이 아래로 진각(震脚)하는 것을 따라 배 앞에서 안(按)을 한다.

구령 5 (그림 7-523~525) : 중심(重心)을 왼쪽 다리로 옮기고 오른발을 들어 오른쪽을 향해 횡(橫)으로 일보(一步) 내디디고 발뒤꿈

[그림 7-517]

[그림 7-518]

[그림 7-519]

노가일로(老架一路) – 제삼단

[그림 7-520]

[그림 7-521]

[그림 7-522]

[그림 7-523]

[그림 7-523 정면도]

[그림 7-524]

[그림 7-525]

[그림 7-526]

[그림 7-526 정면도]

치로 착지(着地)한다. 동시에 양손은 아래로부터 우상방(右上方)을 경유하여 좌측(左側)까지 운행한다.

구령 6 (그림 7-526~528) : 중심(重心)을 오른쪽 다리로 옮긴다. 몸은 먼저 왼쪽으로 돌리고 다시 오른쪽으로 돌린다. 바로 이어 왼발을 들어 오른발의 안쪽으로 거두어들여 발끝으로 땅을 찍는다. 동시에 양손은 왼쪽으로부터 아래를 향하여 오른쪽을 거쳐 호(弧)를 그리며 몸 앞에 이르게 한다.

구령 7 (그림 7-529~531) : 왼발을 드는데 발끝은 자연스럽게 아래로 드리우도록 한다. 왼손은 아래로부터 왼쪽 몸 앞을 경유하여 위를 향해 받쳐 올린다. 동시에 오른손은 아래로 오른쪽 다리의 외측(外側)에 안(按)을 한다. 얼굴은 동쪽으로 향한다.

[그림 7-527]　　　　　[그림 7-527 정면도]　　　　　[그림 7-528]

❖ 요점 : 질차(跌岔)는 내려가고 금계독립(金鷄獨立)으로 변할 때에 몸이 뻣뻣하게 힘만으로 일어서서는 아니 된다. 반드시 요당(腰膽)의 경(勁)을 사용하여 앞을 향해 터져(충衝) 올라가야 한다. 금계독립(金鷄獨立)은 반드시 한쪽 다리로 안정되게 서야 하며 한쪽 손은 아래로 안(按)을 하고 다른 한쪽 손은 위로 밀어 올린다. 양손은 상하(上下)로 대칭이 되어야지 힘껏 위로만 향해서는 아니 된다.

[그림 7-529]

[그림 7-529 정면도]

[그림 7-530]

[그림 7-531]

❂ 제사단(第四段) ❂

第五十六式 ·	倒捲肱(도권굉)	第六十六式 ·	指膛捶(지당추)
第五十七式 ·	白鶴亮翅(백학량시)	第六十七式 ·	猿猴獻果(원후헌과)
第五十八式 ·	斜行(사행)	第六十八式 ·	單鞭(단편)
第五十九式 ·	閃通背(섬통배)	第六十九式 ·	雀地龍(작지룡)
第 六 十 式 ·	掩手肱拳(엄수굉권)	第 七 十 式 ·	上步七星(상보칠성)
第六十一式 ·	六封四閉(육봉사폐)	第七十一式 ·	下步跨肱(하보과굉)
第六十二式 ·	單鞭(단편)	第七十二式 ·	雙擺蓮(쌍파련)
第六十三式 ·	運手(운수)	第七十三式 ·	當頭砲(당두포)
第六十四式 ·	高探馬(고탐마)	第七十四式 ·	金剛搗碓(금강도대)
第六十五式 ·	十字脚(십자각)	第七十五式 ·	收勢(수세)

第 五十六 式 倒捲肱 (도권굉)

(그림 7-532~543) : 구령과 동작은 제이십식(第二十式) 도권굉(倒捲肱)과 같다.

노가일로(老架一路) - 제사단

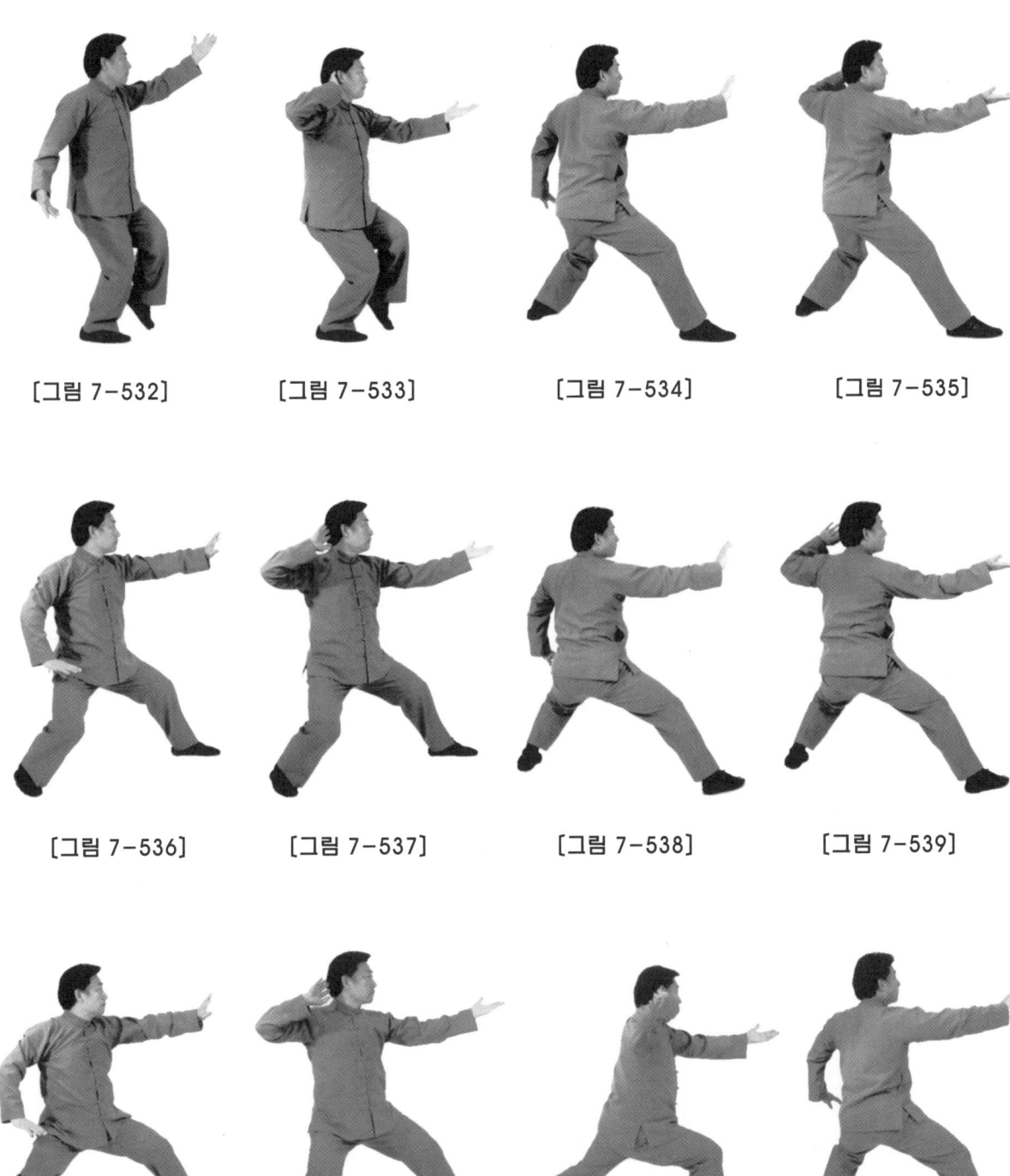

[그림 7-532]   [그림 7-533]   [그림 7-534]   [그림 7-535]

[그림 7-536]   [그림 7-537]   [그림 7-538]   [그림 7-539]

[그림 7-540]   [그림 7-541]   [그림 7-542]   [그림 7-543]

第 五十七 式 白鶴亮翅 (백학량시)

(그림 7-544~552) : 구령과 동작은 제이십일식(第二十一式) 백학량시 (白鶴亮翅)와 같다.

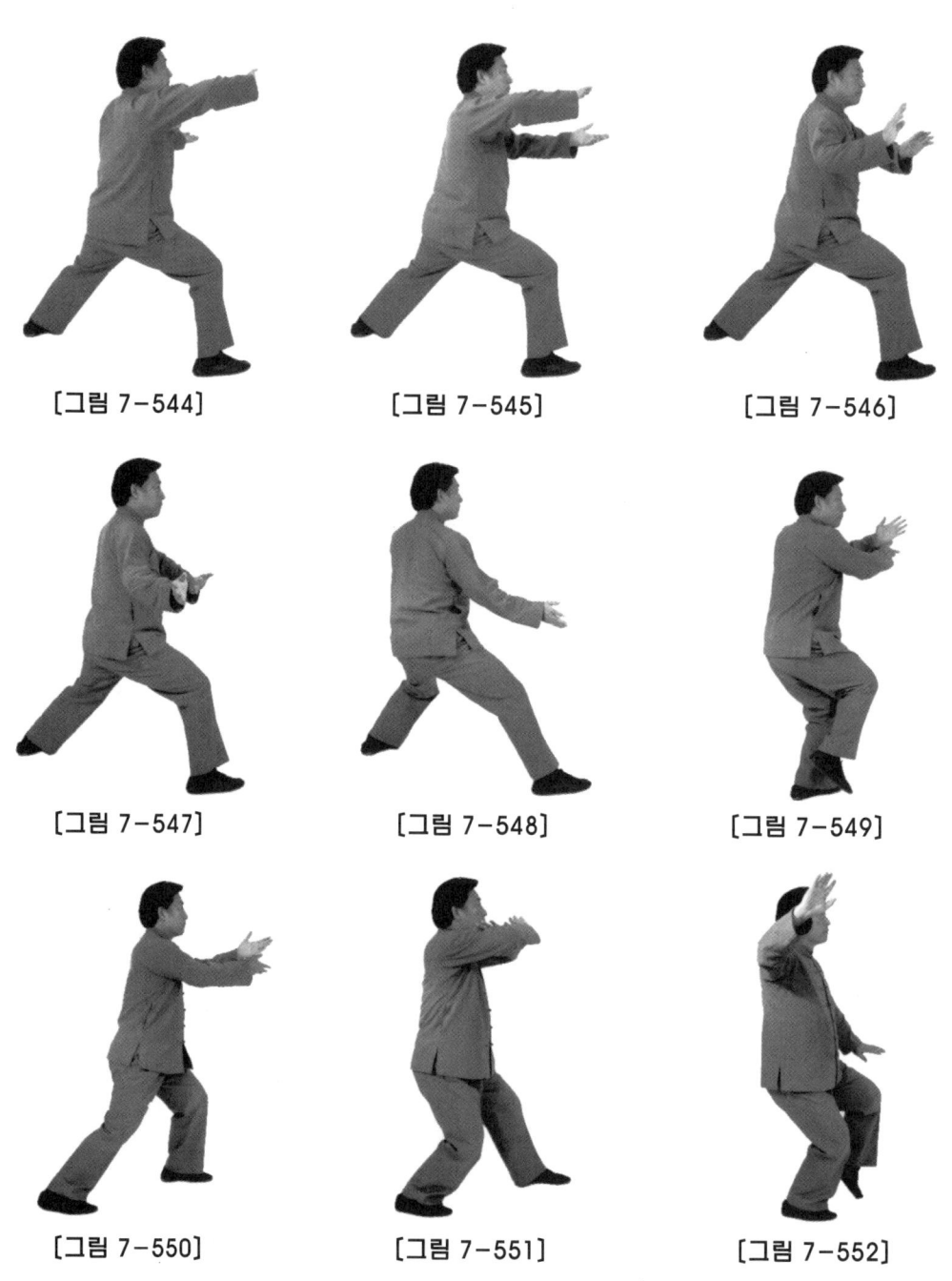

[그림 7-544] [그림 7-545] [그림 7-546]

[그림 7-547] [그림 7-548] [그림 7-549]

[그림 7-550] [그림 7-551] [그림 7-552]

第 五十八 式 斜行 (사행)

(그림 7-553~561) : 구령과 동작은 제이십이식(第二十二式) 사행(斜行)과 같다.

[그림 7-553]    [그림 7-554]    [그림 7-555]

[그림 7-556]    [그림 7-557]    [그림 7-558]

[그림 7-559]    [그림 7-560]    [그림 7-561]

第 五十九 式 閃通背 (섬통배)

(그림 7-562~576) : 구령과 동작은 제이십삼식(第二十三式) 섬통배
(閃通背)와 같다.

[그림 7-562]

[그림 7-563]

[그림 7-564]

[그림 7-565]

[그림 7-566]

[그림 7-567]

노가일로(老架一路) - 제사단

[그림 7-568]   [그림 7-569]   [그림 7-570]

[그림 7-571]   [그림 7-572]   [그림 7-573]

[그림 7-574]   [그림 7-575]   [그림 7-576]

第六十式 掩手肱拳 (엄수굉권)

(그림 7-577~581) : 구령과 동작은 제이십사식(第二十四式) 엄수굉권 (掩手肱拳)과 같다.

[그림 7-577]

[그림 7-578]

[그림 7-579]

[그림 7-580]

[그림 7-581]

第六十一式 六封四閉 (육봉사폐)

(그림 7-582~589) : 구령과 동작은 제이십오식(第二十五式) 육봉사폐(六封四閉)와 같다.

[그림 7-582]   [그림 7-583]   [그림 7-584]   [그림 7-585]

[그림 7-586]   [그림 7-587]   [그림 7-588]   [그림 7-589]

第六十二式 單鞭(단편)

(그림 7-590~593) : 구령과 동작은 제이십육식(第二十六式) 단편(單鞭)과 같다.

[그림 7-590] [그림 7-591]

[그림 7-592] [그림 7-593]

第 六十三 式 運手 (운수)

(그림 7-594~601) : 구령과 동작은 제이십칠식(第二十七式) 운수(運手)와 같다.

[그림 7-594] [그림 7-595] [그림 7-596] [그림 7-597]

[그림 7-598] [그림 7-599] [그림 7-600] [그림 7-601]

第 六十四 式 高探馬 (고탐마)

(그림 7-602~611) : 구령과 동작은 제이십팔식(第二十八式) 고탐마 (高探馬)와 같다.

第六十五式 十字脚 (십자각)

구령 1 (그림 7-612 · 613) : 몸을 약간 오른쪽으로 돌린다. 동시에 왼손은 右上方(우상방)을 향하여 호(弧)를 그리어 오른손과 상합(相合)한다. 바로 이어서 왼손은 외선(外旋)으로 돌고 오른손은 약간 내선(內旋)으로 돌아 우측(右側) 앞에 오도록 한다.

[그림 7-602]

[그림 7-603]

[그림 7-604]

노가일로(老架一路) - 제사단

[그림 7-605]

[그림 7-606]

[그림 7-607]

[그림 7-608]

[그림 7-609]

[그림 7-610]

[그림 7-611]

[그림 7-611 정면도]

[그림 7-612]

[그림 7-613]

구령 2 (그림 7-614·615) : 몸을 약간 왼쪽으로 돌리고 왼손은 왼쪽을 향하여 호(弧)를 그리며 좌상방(左上方)에 이르게 한다. 오른손은 호(弧)를 그리며 배 앞에까지 떨어지게 한다.

구령 3 (그림 7-616~618) : 중심(重心)을 오른쪽으로 옮기고 왼발을 들어 반보(半步)를 나가서 발끝으로 땅을 찍고서 몸을 오른쪽으로 돌린다. 동시에 양손은 좌상방(左上方) 우상방(右上方)으로 호(弧)를 그리고서 가슴 앞에서 교차(交叉)한다.

구령 4 (그림 7-619) : 왼발을 들어 좌전방(左前方)을 향하여 보(步)를 내어 발뒤꿈치로 착지(着地)한다. 동시에 양손은 좌하방(左下方) 우상방(右上方)을 향하여 호(弧)를 그리며 나누어 벌린다.

구령 5 (그림 7-620~622) : 중심(重心)을 왼쪽 다리로 옮긴다. 몸은 왼쪽으로 돌리고 다시 오른쪽으로 돌린다. 왼손은 위를 향하고

[그림 7-614]   [그림 7-614 정면도]   [그림 7-615]

노가일로(老架一路) - 제사단 151

[그림 7-616]

[그림 7-616 정면도]

[그림 7-617]

[그림 7-617 정면도]

[그림 7-618]

[그림 7-619]

[그림 7-620]

[그림 7-621]

[그림 7-622]

안쪽을 향하여 왼쪽 가슴 앞으로 거두어들이고 오른손은 위로부터 아래를 향하고 안쪽을 향하여 호(弧)를 그리며 왼쪽 팔꿈치 아래까지 이르도록 한다.

구령 6 (그림 7-623~625) : 오른발을 좌전방(左前方)을 향하여 차내고서(척퇴) 오른쪽을 향하여 부채꼴로 밖으로 돌려 찬다(파파). 동시에 왼손은 왼쪽을 향하여 오른발 발등을 맞이하여 치고 바로 이어서 오른발을 떨군다. 얼굴은 동북쪽으로 향한다.

❖ 요점 : 왼발은 전방(前方)을 향하여 보(步)를 낸다. 중심(重心)은 오른쪽에서 왼쪽으로 옮겨간다. 왼쪽 과(胯)를 내려앉혀서 오른발은 몸이 위로 솟지 않는 상황 하에서 요경(腰勁)을 써서 오른쪽 다리를 들어 올려서 밖으로 돌려 찬다(파파). 허실(虛實)을 분명하게 나누어야 하며 상하상합(上下相合)하여야 한다.

[그림 7-623]

[그림 7-624]

[그림 7-625]

第六十六式 指膛捶 (지당추)

구령 1 (그림 7-626) : 몸을 오른쪽으로 180° 돌린다. 양손을 주먹으로 바꾸고 동시에 왼손 주먹은 외선(外旋)으로 돌면서 외측(外側)으로 떨구고 오른손 주먹은 가슴 앞에 둔다. 얼굴은 서남쪽으로 향한다.

구령 2 (그림 7-627·628) : 왼손 주먹은 내선(內旋)으로 돌면서 위로 치솟아 머리보다 높게 하고 오른손 주먹은 아래를 향하여 오른쪽 무릎 외측으로 발(發)한다.

구령 3 (그림 7-629~631) : 오른발을 아래로 진각(震脚)하고 왼발을 들어 좌전방(左前方)을 햐애 크게 일보(一步) 나가서 발뒤꿈치로 착지(着地)한다. 양손 주먹은 장(掌)으로 바꾸어 안쪽을 향하

[그림 7-626]   [그림 7-626 정면도]   [그림 7-627]   [그림 7-628]

여 가슴 앞에서 합(合)을 한다. 얼굴은 서북쪽을 향한다.

구령 4 (그림 7-632·633) : 중심(重心)을 왼쪽 다리로 옮긴다. 동시에 양손은 가슴 앞으로부터 양쪽 옆을 향하여 나누어 벌린다.

구령 5 (그림 7-634) : 중심(重心)을 오른쪽으로 옮긴다. 왼손은 안쪽을 향해 호(弧)를 그리며 왼쪽 가슴 앞으로 거두어들이고 오른손은 주먹으로 바꾸어 안을 향하여 오른쪽 옆구리의 앞으로 거두어들인다.

구령 6 (그림 7-635) : 중심(重心)을 신속하게 왼쪽 다리로 옮긴다. 동시에 왼손은 왼쪽 옆구리의 옆으로 뒤로 거두어들이고 오른손 주먹은 우전방(右前方)의 아래를 향하여 발(發)해 낸다.

❖ 요점 : 제십사식(第十四式) 엄수굉권(掩手肱拳)과 같다.

[그림 7-628 정면도]

[그림 7-629]

[그림 7-630]

노가일로(老架一路) − 제사단

[그림 7−631]   [그림 7−631 정면도]   [그림 7−632]

[그림 7−632 정면도]   [그림 7−633]   [그림 7−634]

[그림 7−634 정면도]   [그림 7−635]   [그림 7−635 정면도]

第 六十七 式 猿猴獻果 (원후헌과)

구령 1 (그림 7-636~638) : 중심(重心)을 오른쪽으로 옮긴다. 몸을 오른쪽으로 돌리고 다시 왼쪽으로 돌린다. 좌장(左掌)은 외선(外旋)으로 다시 내선(內旋)으로 돌리고 주먹으로 바꾸어 왼쪽 옆구리의 옆으로 거두어들인다. 오른손 주먹은 외선(外旋)으로 돌리며 오른쪽 가슴 앞에까지 운행한다.

구령 2 (그림 7-639) : 중심(重心)을 왼쪽 다리로 옮긴다. 몸을 왼쪽으로 45° 돌리고 오른쪽 다리를 든다. 동시에 오른손 주먹은 내선(內旋)으로 돌리며 위를 향하여 호(弧)를 그리며 우전방(右前方)까지 오게 한다.

구령 3 (그림 7-640·641) : 오른쪽 다리는 우측(右側)을 향하여 보(步)를 내어 착지(着地)한다. 동시에 양손 주먹은 장(掌)으로 바꾸어 위를 향하여 양쪽 귀 옆으로 오도록 한다.

구령 4 (그림 7-642) : 중심(重心)을 오른쪽 다리로 옮기고 왼쪽 다리를 거두어 들여서 발끝으로 땅을 찍는다. 몸은 약간 오른쪽으로 돌린다. 동시에 양손은 우전방(右前方)을 향하여 안(按)을 해낸다. 얼굴은 남쪽으로 향한다.

❖ 요점 : 몸을 약간 오른쪽으로 돌리고 다시 왼쪽으로 돌린다. 좌장(左掌)은 주먹으로 바꾸고 약간 역전사(逆纏絲)로 돌리고 바로 이어서 오른쪽 다리를 든다. 오른손 주먹은 내선(內旋)으로 돌리며 위를 향하여서 우전방(右前方)에 놓는다. 권심(拳心)은 안쪽으로 향하게 한다. 왼손 주먹은 왼쪽 옆구리의 앞에 놓는데 권심(拳心)은 안쪽으로 향한다.

노가일로(老架一路) – 제사단

[그림 7-636]　　　[그림 7-636 정면도]　　　[그림 7-637]　　　[그림 7-637 정면도]

[그림 7-638]　　　[그림 7-638 정면도]　　　[그림 7-639]　　　[그림 7-639 정면도]

[그림 7-640]　　　　　[그림 7-641]　　　　　[그림 7-642]

第 六十八 式 單鞭 (단편)

(그림 7-643~646) : 구령과 동작은 제오식(第五式) 단편(單鞭)과 같다.

[그림 7-643]

[그림 7-644]

[그림 7-645]

[그림 7-646]

第 六十九 式 雀地龍 (작지룡)

구령 1 (그림 7-647~650) : 중심(重心)을 오른쪽으로 옮긴다. 동시에 양손은 주먹으로 바꾼다. 바로 이어서 오른손 주먹은 내선(內旋)으로 돌리고 다시 밖을 향하여 호(弧)를 그리며 오른쪽 어깨 앞까지 들어 올린다.

구령 2 (그림 7-651~653) : 중심(重心)을 왼쪽으로 옮기고 몸을 왼쪽으로 돌린다. 동시에 양손 주먹을 좌상방(左上方)과 우상방(右上方)으로 호(弧)를 그리어 가슴 앞에서 합(合)을 한다.

구령 3 (그림 7-654·655) : 중심(重心)을 오른쪽으로 옮기고 몸을 내려 앉는다. 동시에 양손 주먹은 좌하방(左下方)과 우상방(右上方)으로 당겨 벌린다. 왼손 주먹은 왼쪽 무릎 내측(內側)에 두고 오른손 주먹은 우측(右側) 위쪽에 두는데 머리보다 약간 높게 한다.

❖ 요점 : 중심(重心)이 왼발로부터 오른발을 향하여 옮겨가고 왼발을 앞으로 뻗을 때에 기(氣)는 하침(下沈)해야 하고 몸을 내려앉으면서 송요낙관(鬆腰落髖)[5]을 하여 기(氣)가 침하(沈下)하는 것을 따라 내려간다. 내려 앉아서도 위로 치솟는 의(意)를 여전히 가지고 있어야 한다.

---

5) 허리를 방송(송요鬆腰)하고 관관절(髖關節) 즉 과(胯)를 떨구어야 한다. 송요좌과(鬆腰坐胯)·송요낙과(鬆腰落胯)·송요낙고(鬆腰落股) 등으로도 부른다.

진소왕태극권(陳小旺太極拳)

[그림 7-647]

[그림 7-648]

[그림 7-649]

[그림 7-650]

[그림 7-651]

[그림 7-652]

[그림 7-653]

[그림 7-654]

[그림 7-655]

第七十式 上步七星 (상보칠성)

구령 1 (그림 7-656) : 중심(重心)을 왼쪽 다리로 옮기고 몸을 위로 일으킨다. 동시에 왼손 주먹은 아래로부터 위를 향하여 호(弧)를 그리며 위로 치솟아 어깨보다 약간 높게 한다. 오른손 주먹은 아래로 향하여서 오른쪽 무릎의 위에 놓는다.

구령 2 (그림 7-657) : 오른발을 들어 앞을 향하여 상보(上步)하여 우전방(右前方)에 놓아 발끝으로 땅을 찍는다. 동시에 오른손 주먹은 아래로부터 앞을 향하고 위로 향하여서 왼손 주먹과 가슴 앞에서 교차한다. 오른쪽 팔뚝을 밖에 있게 하며 얼굴은 정동(正東) 쪽으로 향하게 한다.

[그림 7-656]

[그림 7-657]

❖ 요점 : 왼손 주먹이 위로 솟구치고 좌궁보(左弓步)를 이룰 때 요경(腰勁) 당경(膽勁)에 주의를 기울이고 몸을 방송(放鬆)하고 가슴을 내밀어 위로 뽑히지 않도록 주의하여야 한다.

第 七十一 式 下步跨肱 (하보과굉)

구령 1 (그림 7-658~660) : 양손 주먹을 장(掌)으로 바꾸어 밖으로부터 안을 향하여 내선(內旋)으로 한 바퀴를 돌리며 하침(下沈)한다.

구령 2 (그림 7-661·662) : 오른쪽 다리를 들어 우후방(右後方)을 향하여 뻗어 내고 발바닥으로 착지(着地)한다. 양쪽 팔뚝은 전상방(前上方)을 향하여 붕(掤)으로 낸다.

구령 3 (그림 7-663·664) : 중심(重心)을 오른쪽 다리로 옮기고 몸을 오른쪽으로 90° 돌린다. 동시에 양손은 몸 앞을 경유하여 양 옆을 향하여 나누어 벌리는데 장심(掌心)은 안쪽으로 향하게 한다.

구령 4 (그림 7-665~667) : 왼발을 오른발의 좌전방(左前方)으로 거두어들여 발끝으로 땅을 찍는다. 몸은 약간 내려앉는다. 동시에 양손은 먼저 올리고 나중에 내려서 배 앞에서 합(合)을 한다.

❖ 요점 : 양손을 아래로 향해 나눌 때 요경(腰勁)은 떨어져 내리고(탑하榻下) 양쪽 팔뚝은 붕경(掤勁)을 잃지 않도록 한다. 양손이 나누어짐에서 돌아서 합(合)으로 될 때에 어깨와 팔꿈치를 방송(放鬆)하여야 하고 뒷

노가일로(老架一路) - 제사단

[그림 7-658]

[그림 7-659]

[그림 7-660]

[그림 7-661]

[그림 7-662]

[그림 7-663]

[그림 7-664]

[그림 7-665]

[그림 7-666]

[그림 7-667]

등을 방송(放鬆)하여야 한다. 왼발을 거두어들이고 양쪽 팔꿈치를 상합(相合)하고 양쪽 무릎을 상합(相合)하고 기(氣)가 단전(丹田)으로 돌아 가도록 한다.

第七十二式 雙擺蓮 (쌍파련)

구령 1 (그림 7-668·669) : 몸을 오른쪽으로 90 돌린다. 왼손은 아래로 왼쪽 다리의 외측(外側)까지 안(按)을 하고 오른손은 우상방(右上方)을 향하여 호(弧)를 그려서 오른쪽 어깨의 전상방(前上方)까지 오도록 한다.

구령 2 (그림 7-670·671) : 몸을 계속 오른쪽으로 돌리고 왼발을 들어 좌전방(左前方)을 향하여 크게 일보(一步) 내디딘다. 왼손은 내선(內旋)으로 돌며 가슴 앞에까지 들어올리고 오른손은 외선(外旋)으로 돌며 오른쪽을 향해 호(弧)를 그리며 우전방(右前方)에까지 오게 한다.

구령 3 (그림 7-672) : 중심(重心)을 왼쪽 다리로 옮기고 몸을 오른쪽으로 돌린다. 양손은 우상방(右上方)으로부터 아래쪽을 향하여 호(弧)를 그리며 몸의 우측(右側)에까지 운행하는데 어깨보다 약간 낮게 한다.

구령 4 (그림 7-673~675) : 오른쪽 다리를 좌전방(左前方)을 향하여

노가일로(老架一路) - 제사단

[그림 7-668]

[그림 7-669]

[그림 7-670]

[그림 7-671]

[그림 7-672]

[그림 7-672 정면도]

[그림 7-673]

[그림 7-674]

[그림 7-675]

들어올려 오른쪽을 향하여 부채꼴로 밖으로 돌려 찬다(파擺). 동시에 양손은 앞을 향하여 오른쪽 발등을 맞이하여 친다. 바로 이어서 오른발을 몸의 우후방(右後方)으로 떨구어 내린다. 얼굴은 북쪽으로 향한다.

❖ 요점 : 중심(重心)은 왼발로 통제한다. 왼쪽 무릎은 오른쪽 무릎과 합경(合勁)을 하여서 몸을 돌리는 관성(慣性)을 빌려 신속하게 오른발을 들어 올린다.

第 七十三 式 當頭炮 (당두포)

구령 1 (그림 7-676~679) : 중심(重心)을 오른쪽으로 옮긴다. 몸은 약

[그림 7-676]

[그림 7-677]

[그림 7-678]

노가일로(老架一路) - 제사단

간 오른쪽으로 돌린다. 동시에 양손은 좌전방(左前方)으로부터 우후방(右後方)을 향하여 호(弧)를 그리면서 주먹으로 바꾸어 오른쪽 배 앞에까지 오도록 한다.

구령 2 (그림 7-680·681) : 중심(重心)을 신속하게 왼쪽 다리로 옮기고 몸을 왼쪽으로 돌린다. 동시에 양손 주먹은 좌전방(左前方)을 향하여 힘껏 발(發)해 낸다. 권심(拳心)은 안쪽으로 향하도록 한다. 얼굴은 동북쪽으로 향한다.

❖ 요점 : 쌍파련(雙擺蓮)을 한 후에 오른발은 우후방(右後方)을 향하여 뻗고 쌍장(雙掌)은 좌전방(左前方)을 향해 약간 안(按)을 하여 상(上) 하(下)가 배합되는 의(意)를 가지도록 하여 동시에 완성한다. 양손 주먹으로 좌전방(左前方)을 향해 발경(發勁)을 할 때 먼저 뒤를 향해 리(攦)를 하는 신법(身法)을

[그림 7-679]

[그림 7-680]

[그림 7-681]

[그림 7-681 정면도]

먼저 조정하여서 다시 앞을 향해 발경(發勁)한다. 운용하는 것은 두경(抖勁)이어서 반드시 상하(上下)가 딱 알맞게 배합되고 송활((鬆活) 탄두(彈抖)를 할 수 있어야 비로소 경(勁)을 양손 주먹으로 발(發)해낼 수 있다.

第 七十四 式 金剛搗碓 (금강도대)

구령 1 (그림 7-682~684) : 중심(重心)을 오른쪽으로 옮기고 몸을 오른쪽으로 돌림과 동시에 양손 주먹을 장(掌)으로 바꾸어 가슴 앞을 경유하여 오른쪽을 향하여 호(弧)를 그리며 우전방(右前方)에 이르도록 한다.

구령 2 (그림 7-685~687) : 몸을 먼저 왼쪽으로 돌리고 중심을 왼쪽 다리로 옮긴다. 오른쪽 다리를 들어 왼발의 우전방(右前方)을 향해 반보(半步)를 나가서 발끝으로 땅을 찍는다. 동시에 양손은 좌상방(左上方)과 우하방(右下方)으로 호(弧)를 그려서 가슴 앞에서 합(合)을 하는데 왼손은 오른쪽 팔뚝 하박부의 중간에 놓는다.

구령 3 (그림 7-688) : 왼손을 내선(內旋)으로 돌리며 배 앞에까지 오도록 한다. 동시에 오른손은 주먹으로 바꾸어 왼손 장심(掌心) 안에 놓는다.

구령 4 (그림 7-689) : 오른발 오른손 주먹을 동시에 위로 들고 좌장(左掌)은 약간 하침(下沈)한다.

노가일로(老架一路) - 제사단

[그림 7-682]

[그림 7-682 정면도]

[그림 7-683]

[그림 7-683 정면도]

[그림 7-684]

[그림 7-684 정면도]

[그림 7-685]

[그림 7-685 정면도]

[그림 7-686]

진소왕태극권(陳小旺太極拳)

[그림 7-687]

[그림 7-687 정면도]

[그림 7-688]

[그림 7-688 정면도]

[그림 7-689]

[그림 7-689 정면도]

[그림 7-690]

[그림 7-690 정면도]

노가일로(老架一路) - 제사단

구령 5 (그림 7-690) : 오른발을 떨구어 진각(震脚)을 한다. 동시에 오른 손 주먹은 왼손 장심(掌心) 안에 떨군다. 얼굴은 북쪽으로 향한다.

❖ 요점 : 제이식(第二式) 금강도대(金剛搗碓)와 같다.

第七十五式 收勢 (수세)

구령 1 (그림 7-691) : 오른손 주먹을 장(掌)으로 바꾸고 바로 이어서 양손은 양 옆을 향하여 나누어 벌린다.

구령 2 (그림 7-692·693) : 양손은 위를 향하여 들어 올려 어깨와 같은 높이로 한다.

[그림 7-691]

[그림 7-691 정면도]

구령 3 (그림 7-694) : 양손은 팔뚝을 구부려 가슴 앞에 거둔다.

구령 4 (그림 7-695) : 양손은 배 앞에까지 내려뜨린다.

구령 5 (그림 7-696) : 양손은 밖을 향하여서 몸의 양 옆에 놓고 자연스레 늘어뜨린다.

구령 6 (그림 7-697) : 왼발을 들어 오른발의 안쪽으로 모은다.

구령 7 (그림 7-698·699) : 몸을 곧게 세운다. 얼굴은 북쪽을 향한다.

❖ 요점 : 먼저 무릎 관절과 관관절(髖關節)을 구부리고 몸은 이를 따라 하강(下降)한다. 호흡(呼吸)을 주(主)로 하고 동작을 배합하여 보조(輔助)로 한다. 수세(收勢)에 도달하게 되면 마음과 기(氣)를 평정하게 가라앉혀 예비세(豫備勢)의 자세를 회복한다.

[그림 7-692]

[그림 7-692 정면도]

[그림 7-693]

노가일로(老架一路) - 제사단

[그림 7-694]

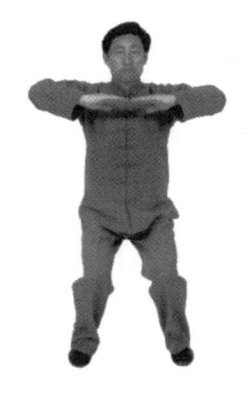
[그림 7-694 정면도]

[그림 7-965]

[그림 7-695 정면도]

[그림 7-696]

[그림 7-696 정면도]

[그림 7-697]

[그림 7-698]

[그림 7-699]

노가이로(老架二路)

동작명칭

第 一 式 · 豫備勢 ······ 178 (예비세)	第 十二 式 · 翻花舞袖 ····· 209 (번화무수)
第 二 式 · 金剛搗碓 ····· 180 (금강도대)	第 十三 式 · 掩手肱拳 ····· 211 (엄수굉권)
第 三 式 · 懶扎衣 ······ 184 (나찰의)	第 十四 式 · 腰攔肘 ······ 214 (요란주)
第 四 式 · 六封四閉 ····· 187 (육봉사폐)	第 十五 式 · 大肱拳小肱拳 · 216 (대굉권소굉권)
第 五 式 · 單鞭 ······· 189 (단편)	第 十六 式 · 玉女穿梭 ····· 221 (옥녀천사)
第 六 式 · 護心拳 ······ 192 (호심권)	第 十七 式 · 倒騎龍 ······ 224 (도기룡)
第 七 式 · 斜形 ······· 195 (사형)	第 十八 式 · 掩手肱拳 ····· 226 (엄수굉권)
第 八 式 · 回頭金剛搗碓 · 197 (회두금강도대)	第 十九 式 · 裹變裹變 ····· 228 (과변과변)
第 九 式 · 撇身拳 ······ 202 (별신권)	第 二十 式 · 獸頭勢 ······ 234 (수두세)
第 十 式 · 指膽 ······· 206 (지당)	第二十一式 · 披架子 ······ 237 (피가자)
第 十一 式 · 斬手 ······· 207 (참수)	第二十二式 · 翻花舞袖 ····· 239 (번화무수)

第二十三式 •	掩手肱拳 ····· 241 (엄수굉권)	第三十四式 •	搗叉搗叉 ····· 267 (도차도차)
第二十四式 •	伏虎 ········ 243 (복호)	第三十五式 •	左二肱右二肱 ·· 269 (좌이굉우이굉)
第二十五式 •	抹眉肱 ······ 245 (말미굉)	第三十六式 •	回頭當門炮 ···· 271 (회두당문포)
第二十六式 •	黃龍三攪水 ··· 247 (황룡삼교수)	第三十七式 •	窩底大捉炮 ···· 273 (와저대착포)
第二十七式 •	左衝 ········ 254 (좌충)	第三十八式 •	腰攔肘 ······· 275 (요란주)
第二十八式 •	右衝 ········ 255 (우충)	第三十九式 •	順攔肘 ······· 276 (순란주)
第二十九式 •	掩手肱拳 ····· 257 (엄수굉권)	第 四 十 式 •	窩底砲 ······· 278 (와저포)
第 三 十 式 •	掃堂腿 ······· 258 (소당퇴)	第四十一式 •	回頭井攔直入 ·· 280 (회두정란직입)
第三十一式 •	掩手肱拳 ····· 260 (엄수굉권)	第四十二式 •	金剛搗碓 ····· 283 (금강도대)
第三十二式 •	全炮捶 ······· 260 (전포추)	第四十三式 •	收勢 ········ 285 (수세)
第三十三式 •	掩手肱拳 ····· 264 (엄수굉권)		

❀ 제일단(第一段) ❀

第 一 式 · 豫備勢(예비세)   第 八 式 · 回頭金剛搗碓(회두금강도대)
第 二 式 · 金剛搗碓(금강도대)   第 九 式 · 撇身拳(별신권)
第 三 式 · 懶扎衣(나찰의)   第 十 式 · 指膽(지당)
第 四 式 · 六封四閉(육봉사폐)   第 十一 式 · 斬手(참수)
第 五 式 · 單鞭(단편)   第 十二 式 · 翻花舞袖(번화무수)
第 六 式 · 護心拳(호심권)   第 十三 式 · 掩手肱拳(엄수굉권)
第 七 式 · 斜形(사형)

第 一 式 豫備勢 (예비세)

구령 예비 (그림 8-1) : 입신중정(立身中正)하고 양쪽 눈은 평시(平視)한다. 입술은 가볍게 다물고 치아는 가볍게 합(合)한다. 얼굴은 남쪽으로 등은 북쪽으로 향하게 한다.

구령 1 (그림 8-2) : 몸을 천천히 하침(下沈)하게 한다.

노가이로(老架二路) - 제일단

구령 2 (그림 8-3) : 왼발 뒤꿈치를 들어올린다.

구령 3 (그림 8-4) : 왼발을 횡(橫)으로 벌려 어깨와 같은 넓이가 되게 한다.

구령 4 (그림 8-5) : 왼발 뒤꿈치를 내리고 중심(重心)은 양쪽 다리 사이에 오도록 한다. 기침단전(氣沈丹田)하도록 한다.

❖ 요점 : 바르게 서서 버팅기지 않고 정경(頂勁)을 이끌어 올리고 입술은 가볍게 다물고 치아는 가볍게 합(合)하고 아래턱은 안으로 거두어들인다. 송견(鬆肩)·함흉(涵胸)·탑요(塌腰)를 하고 굴슬송관(屈膝鬆髖)하여서 심기(心氣)가 하강(下降)하도록 한다.

[그림 8-1]

[그림 8-2]

[그림 8-3]

[그림 8-4]

[그림 8-5]

第 二 式 金剛搗碓 (금강도대)

구령 1 (그림 8-6) : 양손을 서서히 들어 올려서 어깨와 높이와 넓이가 같게 한다.

구령 2 (그림 8-7) : 양손은 몸이 下沈(하침)하는 것을 따라 배 앞으로 내린다.

구령 3 (그림 8-8~10) : 양손은 몸이 약간 왼쪽으로 도는 것을 따라 왼쪽 전상방(前上方)을 향하여 호(弧)를 그리며 붕(掤)을 하여 어깨와 나란하게 하고 중심은 오른쪽 다리로 치우치게 한다.

구령 4 (그림 8-11~13) : 몸을 약간 왼쪽으로 돌리고 바로 이어서 오른쪽으로 돌린다. 중심(重心)은 왼쪽으로 옮기고 오른발 발끝을 밖으로 벌린다. 동시에 왼손은 내선(內旋)으로 오른손은 외선(外旋)으로 돌리며 오른쪽을 향해 몸의 우측(右側)에까지 운행하여 어깨와 같은 높이가 되도록 한다.

구령 5 (그림 8-14·15) : 중심(重心)을 오른쪽 다리로 옮기고 왼쪽 다리를 들어 좌전방(左前方) 45°를 향하여 일보(一步) 나가서 발뒤꿈치로 착지(着地)한다.

구령 6 (그림 8-16~19) : 몸을 먼저 약간 오른쪽으로 돌리고 바로 이어서 왼쪽으로 돌린다. 동시에 왼손은 외선(外旋)으로 오른손은 내선(內旋)으로 돌리며 몸을 따라 하호(下弧)를 그리며 좌전방(左前方)을 향해 운행한다. 왼발 발끝은 밖으로 벌리고 중심을 왼쪽

노가이로(老架二路) - 제일단

[그림 8-6]　　　[그림 8-7]　　　[그림 8-8]　　　[그림 8-9]

[그림 8-10]　　[그림 8-11]　　[그림 8-12]　　[그림 8-13]

[그림 8-14]　　[그림 8-15]　　[그림 8-16]　　[그림 8-17]

으로 옮긴다. 왼손은 왼쪽 무릎의 전상방(前上方)에 이르게 하고 장심(掌心)은 아래로 향한다. 오른손은 오른쪽 무릎의 후상방(後上方)에까지 이르고 장심(掌心)은 위로 향한다.

구령 7 (그림 8-20~23) : 오른발은 앞으로 상보(上步)하고 발끝으로 땅을 찍어 우허보(右虛步)가 되게 한다. 동시에 양손은 오른쪽 가슴 앞에서 합(合)을 하는데 왼손을 오른쪽 팔뚝 하박부의 중간에 놓는다.

구령 8 (그림 8-24~26) : 왼손은 내선(內旋)으로 돌며 아래로 안(按)을 하고 배 앞에 이르게 하고 장심(掌心)은 위로 향하게 한다. 동시에 우장(右掌)을 들어올려 어깨 높이에 이르게 한 후에 주먹으로 바꾸어 왼손 장심(掌心)으로 떨군다.

구령 9 (그림 8-27) : 오른발 오른손 주먹을 동시에 들어 올리고 좌장(左掌)은 약간 하침(下沈)한다.

구령 10 (그림 8-28) : 오른발을 땅에 떨구어 진각(震脚)을 한다. 동시에 오른손 주먹을 왼손 장심(掌心)으로 떨군다. 눈은 전방을 바라본다. 얼굴은 남쪽으로 향한다.

❖ 요점 : 상하상수(上下相隨)하고 절절관관(節節貫串)하도록 한다. 수법(手法)에 주의를 기울임과 동시에 신법(身法)에도 주의를 기울여야 한다. 왼발을 앞을 향해 뻗어낼 때 마치 깊은 연못이 있는 듯이 마치 살얼음을 밟는 듯이 하는데 가벼우면서도 들뜨지 않도록 한다. 오른손 주먹을 왼손 장심(掌心)에 떨구는 것은 진각(震脚)하는 것과 조화롭게 일치되어야 하며 경(勁)은 온전(정整)하고 기(氣)는 하침(下沈)하여야 한다.

노가이로(老架二路) – 제일단

[그림 8-18]   [그림 8-19]   [그림 8-20]

[그림 8-21]   [그림 8-22]   [그림 8-23]   [그림 8-24]

[그림 8-25]   [그림 8-26]   [그림 8-27]   [그림 8-28]

第三式 懶扎衣 (나찰의)

구령 1 (그림 8-29~32): 중심(重心)을 오른쪽으로 옮긴다. 양손은 좌하우상(左下右上)으로 호(弧)를 그리며 몸의 옆으로 나누어 벌린다. 오른손은 위에 있고 왼손은 아래에 있다.

구령 2 (그림 8-33~35): 중심(重心)을 왼쪽으로 옮긴다. 오른손은 아래로 향하고 왼손은 위를 향하여 호(弧)를 그리고 가슴 앞에서 교차하여 합(合)을 한다. 눈은 우측을 본다.

구령 3 (그림 8-36): 오른발을 들어 우측(右側)을 향해 크게 일보(一步) 내디디고 발뒤꿈치로 착지(着地)하고 오른발 발끝은 안으로 당겨 잠근다.

[그림 8-29]

[그림 8-30]

[그림 8-31]

[그림 8-32]

노가이로(老架二路) - 제일단

구령 4 (그림 8-37~40) : 중심(重心)을 오른쪽으로 옮긴다. 몸은 먼저 왼쪽으로 돌리고 바로 이어서 오른쪽으로 돌린다. 동시에 왼손은 내선(內旋)으로 돌리며 하호(下弧)를 그리면서 왼쪽 옆구리로 오게 하고 오른손은 외선(外旋)으로 돌리며 상호(上弧)를 그리며 몸의 우측(右側)에 오게 하는데 장심(掌心)은 밖으로 향하고

[그림 8-33]

[그림 8-34]

[그림 8-35]

[그림 8-36]

[그림 8-37]

[그림 8-38]

손가락은 앞으로 가게 한다.

구령 5 (그림 8-41) : 왼손 다섯 손가락을 허리에 질러 대고 엄지손가락은 뒤로 가게 한다. 우장(右掌)은 약간 내선(內旋)으로 돌아 장심(掌心)이 우전방(右前方)으로 향하도록 한다. 송견침주(鬆肩沈肘)하며 눈은 우전방(右前方)을 바라본다.

❖ 요점 : 오른손을 펼쳐서 지복(指腹)에 힘을 쓰고 왼손은 허리에 질러대고 허허롭게 (손가락을) 모으는데 힘을 써서는 아니 된다. 우장(右掌)은 역전사로 팔뚝을 돌리며 오른쪽을 향해 전개함과 동시에 왼쪽 다리에 힘을 쓰는데 무릎 관절과 관관절(髖關節)은 곧게 펴서 차면(등蹬) 아니 된다. 정세(定勢)가 곧 이루어지려 할 때 오른쪽 다리는 궁보(弓步)로 선다. 정세(定勢)가 이루어졌을 때 왼쪽 과(髖)를 방송(放鬆)하고 기침단전(氣沈丹田)한다.

[그림 8-39]

[그림 8-40]

[그림 8-41]

第四式 六封四閉 (육봉사폐)

구령 1 (그림 8-42) : 오른손을 약간 거두어들이고 왼손은 우상방(右上方)으로 향하여 오른손과 오른쪽 가슴 앞에서 붕(掤)을 한다.

구령 2 (그림 8-43~45) : 중심(重心)을 왼쪽으로 옮기고 양손은 아래를 향해 호(弧)를 그리며 배 앞으로 리(擺)를 한다.

[그림 8-42]

[그림 8-43]

[그림 8-44]

[그림 8-45]

[그림 8-46]

구령 3 (그림 8-46~48) : 중심(重心)을 오른쪽으로 옮긴다. 양손은 좌상방(左上方)을 향하여 호(弧)를 그리고 양장(兩掌)은 왼쪽 귀 옆에서 상합(相合)한다.

구령 4 (그림 8-49) : 중심을 오른쪽 다리로 옮기고 왼발을 오른발의 안쪽으로 거두어들여서 어깨와 같은 넓이로 하여 발끝으로 땅을 찍는다. 동시에 양손은 왼쪽 귀 옆으로부터 오른쪽 전하방(前下方)을 향하여 밀며 안(按)을 하는데 우장(右掌)이 약간 높게 한다. 눈은 오른쪽 전하방(前下方)을 바라보며 얼굴은 남쪽을 향하면서 약간 서쪽으로 치우치게 한다.

❖ **요점** : 양손은 리(擺)에서 안(按)으로 전환하고 허리를 축(軸)으로 삼는다. 좌우로 돌며 움직일 때 상체는 여전히 바르고 곧아야 하며 앞으로

[그림 8-47]

[그림 8-48]

[그림 8-49]

숙이거나 뒤로 젖혀지면 아니 된다. 양장(兩掌)이 오른쪽을 향해 안(按)을 할 때 우장(右掌)이 주(主)이고 좌장(左掌)은 보조(輔助)가 된다. 기(氣)는 척배(脊背)에 붙여야 하며 당구(膽口)는 둥글어야 한다.

第 五 式 單鞭 (단편)

구령 1 (그림 8-50·51) : 몸을 약간 오른쪽으로 돌린다. 양손은 내선(內旋)으로 돌리며 상합(相合)한다. 왼손은 장심(掌心)이 위를 향하여 앞으로 뻗고 오른손 장심(掌心)은 위로 향하여 가슴 앞으로 거두어 들인다.

구령 2 (그림 8-52·53) : 몸을 약간 왼쪽으로 돌린다. 좌장(左掌)은

[그림 8-50]

[그림 8-51]

[그림 8-52]

왼쪽 가슴 앞으로 하침(下沈)하고 우장(右掌)은 구수(鉤手)로 변하여 우상방(右上方)을 향해 이끌어 올려서 어깨보다 약간 높게 한다. 눈은 오른손을 바라본다.

구령 3 (그림 8-54) : 몸을 왼쪽으로 돌리고 왼발을 좌측(左側)을 향해 일보(一步) 내디디고 발뒤꿈치 안쪽으로 착지(着地)한다. 눈은 좌측(左側)을 바라본다.

구령 4 (그림 8-55~57) : 중심(重心)을 왼쪽 다리로 옮긴다. 동시에 왼손은 외선(外旋)으로 돌리며 천장(穿掌)으로 몸의 좌측(左側)까지 위로 붕(掤)을 하여 어깨와 나란하게 한다. 손가락 끝은 앞으로 향하고 오른발 발끝은 안으로 당겨 잠근다.

구령 5 (그림 8-58) : 어깨와 팔꿈치를 떨어뜨리고(침견추주沈肩墜肘)

[그림 8-53]

[그림 8-54]

[그림 8-55]

하고 기(氣)를 단전으로 내린다(기침단전氣沈丹田). 눈은 좌전방(左前方)을 바라본다. 얼굴은 남쪽으로 향한다.

❖ 요점 : 오른손은 모아 쥐고 위를 향해 들어올린다. 몸이 정면으로 돌아 왔을 때 침견추주(沈肩墜肘)를 하여야 한다. 세(勢)가 이루어졌을 때 정경(頂勁)은 이끌어 올려야 하고 당(襠)은 원(圓)으로 열어야 하며 과(胯)는 방송(放鬆)하여야 하고 몸은 바르게 하여야 한다. 가슴은 허허롭게 함흉(含胸)을 하여야 비로소 능히 심기(心氣)가 하강할 수 있고 기침단전(氣沈丹田)을 할 수 있다.

第 六 式 護心拳 (호심권)

[그림 8-56]   [그림 8-57]   [그림 8-58]

진소왕태극권(陳小旺太極拳)

구령 1 (그림 8-59~61) : 중심(重心)을 오른쪽으로 옮기고 왼쪽 다리는 무릎을 굽혀서 들어올린다. 동시에 왼손은 먼저 뿌려 내린 후에 위로 돋워 올린다. 오른손은 먼저 돋워 올린 후에 아래로 뿌려 내린다.

구령 2 (그림 8-62) : 왼손을 아래로 뿌려 내리고 오른손은 위로 돋워 올린다.

구령 3 (그림 8-63·64) : 왼발을 아래로 진각(震脚)한다. 바로 이어서 오른발을 우전방(右前方)을 향하여 크게 일보(一步) 내디딘다. 왼손은 아래로 안(按)을 하고 오른손은 위로 붕(掤)을 한다. 얼굴은 동남쪽으로 향한다.

구령 4 (그림 8-65~67) : 몸을 먼저 왼쪽으로 돌리고 다시 오른쪽으로 돌린다. 중심(重心)은 오른쪽으로 옮긴다. 동시에 왼손은 아래로부터 뒤를 향하고 위를 향하여 호(弧)를 그려 좌전방(左前方)에 두고 손바닥은 위로 향하도록 한다. 오른손은 위로부터 안으로 향하고 아래로 향하게 호(弧)를 그리면서 오른쪽 무릎 앞에 오도록 한다. 손바닥은 아래로 향한다. 눈은 우측(右側)을 바라본다.

구령 5 (그림 8-68) : 몸을 계속 오른쪽으로 돌린다. 동시에 왼손 주먹은 오른쪽을 향하여 호(弧)를 그리며 배 앞에 놓는다. 오른손 주먹은 위를 향해 말면서 축경(蓄勁)을 하여 오른쪽 귀 옆에 놓는다. 권심(拳心)은 아래로 향한다. 눈은 전방(前方)을 주시한다.

구령 6 (그림 8-69) : 몸을 왼쪽으로 돌린다. 동시에 오른쪽 팔뚝은 팔

노가이로(老架二路) - 제일단

[그림 8-59]

[그림 8-60]

[그림 8-61]

[그림 8-62]

[그림 8-63]

[그림 8-64]

[그림 8-65]

[그림 8-66]

[그림 8-67]

꿈치를 세워 좌전방(左前方)을 향해 가격해 나가는데 권심(拳心)은 안쪽으로 향하게 한다. 왼손 주먹은 계속 안으로 향해 합(合)을 하여 오른쪽 팔꿈치 아래에 놓아 오른쪽 팔꿈치와 합경(合勁)을 형성한다. 권심(拳心)은 안쪽으로 향하고 얼굴은 동남쪽으로 향한다.

❖ 요점 : 1. 위로 돋워 올리고 아래로 뿌리는데 손과 발이 배합되어 꿰어져야 한다.

2. 왼발을 아래로 진각(震脚)하기 전에 도약하며 위로 뛰어오르고 다시 아래로 진각(震脚)을 해도 된다. 왼발을 아래로 진각(震脚)하고 오른발을 바로 들어올리는 것에 주의를 기울여야 한다.

3. 몸은 먼저 오른쪽으로 돌고 다시 왼쪽을 향해 돈다. 이어서 몸을 돌

[그림 8-68]　　　　[그림 8-69]　　　　[그림 8-70]

리며 팔꿈치를 쳐내는데 상하상수(上下相隨)가 되어야 한다.

第 七 式 斜形 (사형)

구령 1 (그림 8-70~73) : 중심(重心)을 왼쪽 다리로 옮기고 오른쪽 다리를 몸 옆으로 거두어들이고 발끝으로 땅을 찍는다. 동시에 양손 주먹은 장(掌)으로 바꾸고 아래로 리(攦)를 하여 배 앞까지 오도록 한다.

구령 2 (그림 8-74~76) : 오른쪽 다리는 무릎을 굽혀서 들어올린다. 동시에 오른손은 먼저 위로 이끌어 올린 후에 아래로 뿌리고 왼손

[그림 8-71]

[그림 8-72]

[그림 8-73]

은 위로 돋워 올린다.

구령 3 (그림 8-77·78) : 오른발을 아래로 진각(震脚)을 하고 몸은 왼쪽으로 90°를 돌리고 왼발을 들어 좌전방(左前方)을 향하여 크게 일보(一步) 내디딘다. 왼손은 위로 붕(掤)을 하고 오른손은 아래로 안(按)을 한다. 눈은 좌측(左側)을 바라본다. 얼굴은 동남쪽으로 향하게 한다.

구령 4 (그림 8-79~81) : 몸을 먼저 오른쪽으로 나중에 왼쪽으로 돌린다. 중심은 왼쪽 다리로 옮긴다. 동시에 왼손은 아래를 향하여 (弧)를 그리며 왼쪽 무릎의 위에 오도록 하고 장심(掌心)이 아래로 향하게 한다. 오른손은 뒤로부터 위로 향하게 호(弧)를 그리어 오른쪽 귀 옆으로 거두어들인다. 눈은 좌하방(左下方)을 바라본다.

구령 5 (그림 8-82~84) : 몸을 계속 왼쪽으로 돌린다. 좌장(左掌)은 왼쪽 무릎을 경유하여 구수(鉤手)로 바꾸어 위로 들어서 좌측(左側)에서 어깨와 같은 높이가 되게 한다. 우장(右掌)은 가슴 앞을 거쳐 오른쪽을 향해 호(弧)를 그리며 당겨 벌린다.

구령 6 (그림 8-85) : 어깨를 방송(放鬆)하고 팔꿈치를 하침(下沈)하고 (송견침주鬆肩沈肘) 기침단전(氣沈丹田)을 한다. 눈은 전방(前方)을 바라본다. 얼굴은 동쪽으로 향한다.

❖ 요점 : 위로 돋워 올리고 위로 뿌림에서 손과 발이 배합되고 연관되어야 한다. 발을 들어 진각(震脚)을 하면서 도약을 해도 된다.

노가이로(老架二路) - 제일단

[그림 8-74]

[그림 8-75]

[그림 8-76]

[그림 8-77]

[그림 8-78]

[그림 8-79]

[그림 8-80]

[그림 8-81]

[그림 8-82]

[그림 8-83]

[그림 8-84]

[그림 8-85]

第 八 式 回頭金剛搗碓 (회두금강도대)

구령 1 (그림 8-86·87) : 몸을 약간 오른쪽으로 돌리고 중심(重心)을 약간 오른쪽으로 옮긴다. 동시에 왼손 구수(鉤手)는 장(掌)으로 바꾸고 약간 위로 돌워 올리어 안으로 합(合)을 한다. 우장(右掌)은 안으로 합(合)을 하여 오른쪽 가슴 앞으로 거두어들인다.

구령 2 (그림 8-88) : 몸을 왼쪽으로 돌린다. 동시에 좌장(左掌)은 위로 붕(掤)을 하며 안으로 합(合)을 하고 우장(右掌)은 왼쪽 옆구리의 전하방(前下方)을 향해 밀어낸다.

구령 3 (그림 8-89·90) : 몸을 오른쪽으로 돌리고 중심(重心)을 오른쪽으로 옮기고 왼발 발끝을 안으로 당겨 잠근다. 오른손은 외선

[그림 8-86]

[그림 8-87]

[그림 8-88]

노가이로(老架二路) - 제일단

(外旋)으로 돌며 위를 향하여 팔꿈치를 구부려서 이마 앞에 놓는데 머리보다 약간 높게 하고 장심(掌心)은 밖으로 향하게 한다. 왼손은 위로부터 아래를 향하게 하여 왼쪽 무릎 외측(外側)에 놓는데 장심(掌心)은 밖으로 가게하고 손가락 끝은 비스듬하게 앞으로 향하게 한다. 얼굴은 동남쪽으로 향한다.

구령 4 (그림 8-91) : 몸을 계속하여 오른쪽으로 돌리고 오른발 발끝은 밖으로 벌린다. 동시에 좌장(左掌)은 내선(內旋)으로 돌리며 안으로 합(合)을 하고 장심(掌心)은 앞으로 향하게 한다.

구령 5 (그림 8-92·93) : 몸을 계속하여 오른쪽으로 180° 돌린다. 왼발은 오른쪽을 향해 크게 일보(一步) 나가서 발끝을 안으로 당겨 잠근다 양손은 자연스럽게 배합(配合)한다. 얼굴은 북쪽으로 향한다.

[그림 8-89]

[그림 8-90]

[그림 8-91]

구령 6 (그림 8-94~96) : 중심(重心)을 왼쪽으로 옮기고 오른발은 땅에 붙여서 뒤를 향해 원권(圓圈)의 절반을 쓸어간다. 몸은 오른쪽으로 180°를 돌고 양손은 배합(配合)하여 밖을 향해 호(弧)를 그리며 나누어 벌리는데 왼손은 장심(掌心)이 위로 향하고 오른손은 장심(掌心)이 아래로 향하게 한다 눈은 전방을 바라본다. 얼굴은 남쪽으로 향한다.

구령 7 (그림 8-97~103) : 동작과 요령은 앞의 금강도대(金剛搗碓)와 같다.

❖ 요점 : 1. 왼손은 장(掌)으로 바꾸어서 위로 붕(掤)을 하고 우장(右掌)을 왼쪽으로 밀 때에 몸의 중심(重心)은 상호 배합(配合)되어야 한다.

    2. 왼발을 상보(上步)할 때 함축(含蓄)하는 의(意)가 있어야 한다. 왼발

[그림 8-92]

[그림 8-93]

[그림 8-94]

노가이로(老架二路) - 제일단

[그림 8-95]　　　　　[그림 8-96]　　　　　[그림 8-97]

[그림 8-98]　　　　　[그림 8-99]　　　　　[그림 8-100]

[그림 8-101]　　　　[그림 8-102]　　　　[그림 8-103]

이 일단 착지(着地)하면 급속하게 몸을 돌려 중심(重心)을 왼발로 통제하여서 중심(重心)을 옮기는 관성(慣性)을 이용하여 속도에 가속을 붙이는 것이 상호 배합(配合)이 되어 빠르면서도 어지럽지 않도록 하여야 한다.

第 九 式 撇身拳 (별신권)

구령 1 (그림 8-104~107) : 중심(重心)을 양쪽 다리의 사이에 두고 양손은 장(掌)으로 바꾸어 아래에서는 나누도 위에서는 합(合)을 하여서 양쪽 팔뚝이 왼쪽이 밖에 오른쪽은 안에 있도록 가슴 앞에서 교차시킨다. 장심(掌心)은 밖으로 향하고 눈은 전방을 바라본다.

구령 2 (그림 8-108~110) : 몸을 약간 내려앉으며 중심(重心)을 왼쪽 다리로 옮기고 오른발은 오른쪽을 향해 크게 일보(一步) 내디딘다. 동시에 좌장(左掌)은 외선(外旋)으로 돌리며 왼쪽을 향해 호(弧)를 그리며 몸의 좌측(左側)에 이르게 한다. 장심(掌心)은 밖으로 향하게 한다. 우장(右掌)은 외선(外旋)으로 돌며 안을 향하여 왼쪽 가슴 앞에까지 붕(掤)을 한다. 장심(掌心)은 약간 아래로 향하도록 하고 눈은 우측(右側)을 바라본다.

구령 3 (그림 8-111~113) : 몸을 오른쪽으로 돌리며 하침(下沈)한다. 오른쪽 어깨로써 밖을 향해 제(擠)를 하고 중심(重心)은 오른쪽

노가이로(老架二路) – 제일단

[그림 8-104]

[그림 8-105]

[그림 8-106]

[그림 8-107]

[그림 8-108]

[그림 8-109]

[그림 8-110]

[그림 8-111]

[그림 8-112]

[그림 8-113]

으로 옮긴다. 좌장(左掌)은 내선(內旋)으로 돌리며 오른쪽을 향해 호(弧)를 그리며 안으로 합(合)을 한다. 우장(右掌)은 외선(外旋)으로 돌리며 몸을 따라 오른쪽을 향해 호(弧)를 그린다. 눈은 우측(右側)을 바라본다.

구령 4 (그림 8-114~116) : 몸을 왼쪽으로 돌리고 중심(重心)은 왼쪽으로 옮긴다. 몸이 왼쪽으로 도는 것을 따라 좌장(左掌)은 외선(外旋)으로 돌며 아래를 향하게 하여 왼쪽 허리춤까지 거두어들인다. 장심(掌心)은 위로 향하게 한다. 오른손은 내선(內旋)으로 돌리며 위로 향하고 왼쪽으로 향하게 호(弧)를 그리면서 좌전방(左前方)에 이르도록 한다. 장심(掌心)은 위로 향하게 한다. 눈은 좌전방(左前方)을 바라본다. 얼굴은 동남쪽으로 향한다.

[그림 8-114]

[그림 8-115]

[그림 8-116]

노가이로(老架二路) - 제일단

구령 5 (그림 8-117~119) : 중심(重心)을 오른쪽으로 옮긴다. 몸을 오른쪽으로 돌리고 왼발 발끝을 안으로 당겨 잠근다. 몸이 도는 것을 따라 양장(兩掌)을 주먹으로 바꾼다. 오른손 주먹은 외선(外旋)으로 돌리며 위를 향하여 팔꿈치를 구부려 머리의 우측(右側) 위쪽에 오게 하며 권심(拳心)은 비스듬하게 밖으로 향한다. 왼손 주먹은 허리춤으로 거두어 들이는데 권심(拳心)은 비스듬하게 아래로 향하게 한다. 눈은 좌하방(左下方)을 바라본다. 얼굴은 남쪽으로 향한다.

❖ 요점 :1. 전체 동작은 몸을 돌리고 허리를 트는 것을 주(主)로 하고 있으며 그 폭이 비교적 커서 주신(周身) 상하(上下)가 조화롭게 배합되기가 쉽지 않다. 특히 좌우로 몸을 돌릴 때 양쪽 어깨가 송개(鬆開)되도록 하고 허리를 축(軸)으로 삼고 절절관관(節節貫串)하는 운동의 규율을 장

[그림 8-117]

[그림 8-118]

[그림 8-119]

악하는데 주의를 기울여야 원만(圓滿)하고 순응하여 따르는 운동을 해 낼 수 있다.

2. 마지막으로 허리를 틀 때 오른손 주먹은 위를 향해 뒤집어 돌리고 왼쪽 팔꿈치의 끝은 안을 향해 합(合)을 하고 왼발 발끝은 안을 향해 당겨 잠가야 한다. 이 세 가지가 동시에 완성되어야 한다. 오른손 주먹·왼쪽 팔꿈치·왼발 발끝은 비스듬한 한 줄이 사선(斜線)이 되도록 한다.

第 十 式 指膛 (지당)

구령 1 (그림 8-120·121) : 중심(重心)을 왼쪽으로 옮긴다. 왼손 주

[그림 8-120]

[그림 8-121]

노가이로(老架二路) - 제일단

먹은 내선(內旋)으로 돌리며 왼쪽을 향하고 아래를 향하여 내지른다. 동시에 오른손 주먹은 내선(內旋)으로 돌리며 우상방(右上方)을 향하여 퉁겨낸다. 눈은 좌하방(左下方)을 바라본다. 얼굴은 남쪽으로 향한다.

第 十一 式 斬手 (참수)

구령 1 (그림 8-122·123) : 왼발로 중심(重心)을 통제하고 오른발은 좌측(左側)을 향해 상보(上步)한다. 동시에 오른손 주먹은 아래를 향하게 하여 팔꿈치를 구부려 오른쪽 가슴 앞으로 거두어들인다. 눈은 왼손 주먹을 바라본다. 얼굴은 동쪽으로 향한다.

[그림 8-122]

[그림 8-123]

구령 2 (그림 8-124·125) : 바로 이어서 몸을 왼쪽으로 90° 돌리고 중심(重心)은 빠르게 오른쪽 다리로 옮긴다. 왼발을 오른발 뒤를 향해 삽보(揷步)[6]로 옮겨간다. 동시에 오른손 주먹은 손등(주먹등)을 이용하여 아래로 향해 내려치고 왼손 주먹은 급속하게 위를 향해 벌려 쳐서(붕崩) 오른손 주먹과 대칭을 이룬다. 눈은 우전방(右前方)을 바라본다. 얼굴은 북쪽으로 향한다.

❖ 요점 : 1. 지당(指膛) 참수(斬手)로 연달아서 주먹으로 두 번을 때리는데 모두 주먹의 등으로 아래를 향해 치는데 발력(發力)이 짧고 급촉하다. 그래서 발경(發勁)을 하기 전에 반드시 신법(身法)을 잘 조정하여야 한다.

---

6) 투보(偸保)하고도 한다.

[그림 8-124]

[그림 8-124 정면도]

[그림 8-125]

2. 오른손 주먹을 발(發)할 때 중심(重心)이 오른발에 떨어져 있도록 하고 왼발은 투보(偸步)로 경령(輕靈)하게 순응하여 따라야 함에 주의를 기울여야 한다. 신법(身法)이 약간 아래로 하침(下沈)할 때 주먹을 갑작스럽게 발(發)해 내도록 한다. 이러한 경력(勁力)은 쉽게 집중할 수 있다.

第 十 二 式 翻花舞袖 (번화무수)

구령 1 (그림 8-126~130) : 몸을 왼쪽을 향해 돌리는데 도약(跳躍)을 하며 몸을 300° 돌린다. 양발이 땅에 떨어짐과 동시에 양손 주먹은 오른손 주먹을 주(主)로 하고 왼손 주먹을 보조로 하여 도약하며 도는 것에 따라 우하방(右下方)으로부터 좌상방(左上方)을

[그림 8-126]

[그림 8-127]

[그림 8-127 정면도]

경유하여 오른손 주먹은 전하방(前下方)을 향해 가격해 나가고 왼손 주먹은 좌상방(左上方)으로부터 왼쪽 과(胯)의 외측(外側)까지 벌려 돌린다. 눈은 전하방(前下方)을 바라본다. 얼굴은 동북쪽으로 향한다.

❖ 요점 : 1. 이 초식(招式)의 도약(跳躍)은 몸을 300°를 돌리면서 하고 또 도움닫기 없이 하기 때문에 난이도가 비교적 높다. 참수(斬手)의 오른손 주먹을 아래로 내려치는 시기를 잡으려면 올라가려면 먼저 내려가는 축세(蓄勢)를 하여야 한다.

2. 양쪽 발이 땅에서 떨어진 후에 주신(周身)은 신속하게 방송(放鬆)하여야 한다. 양쪽 발이 땅에 떨어지고 주먹을 아래로 내려치는데 과(胯)를 떨구고 허리를 내려야(낙관탑요落髖塌腰) 비로소 중심(重心)의 안

[그림 8-128]

[그림 8-129]

[그림 8-130]

정을 기할 수 있고 주먹을 발(發)함에 힘이 있다.

第 十三 式 掩手肱拳 (엄수굉권)

구령 1 (그림 8-131~133) : 오른손 주먹은 외선(外旋)으로 돌며 위를 향해 원권(圓圈)을 하나 돌리고 오른쪽 옆구리로 거둔다. 권심(拳心)은 위로 향한다. 왼손 주먹은 장(掌)으로 바꾸어 좌전방(左前方)으로 붕(掤)을 한다. 권심이 위로 향하도록 한다. 동시에 오른발을 들어 땅에 떨구며 진각(震脚)을 하고 왼쪽 다리는 바로 이어서 들어 올리어 앞을 향해 내딛는다. 얼굴은 동남쪽으로 향한다.

[그림 8-131]

[그림 8-132]

[그림 8-133]

구령 2 (그림 8-134) : 몸을 왼쪽으로 돌리고 중심(重心)을 빠르게 왼쪽으로 옮긴다. 동시에 오른손 주먹을 내선(內旋)으로 돌리며 앞을 향해 내지르는데 권심(拳心)이 아래로 향하고 어깨와 나란한 높이로 한다. 왼쪽 팔꿈치는 마찬가지로 빠르게 좌후방(左後方)을 향해 가격해 내는데 왼손을 옆구리의 옆으로 거둔다. 눈은 우전방(右前方)을 바라본다.

❖ 요점 : 오른손 주먹을 앞으로 내지르고 왼쪽 팔꿈치를 뒤로 가격하는 것은 조화롭게 일치되어야 한다. 발경(發勁)을 할 때 "경(勁)은 발뒤꿈치에서 일어나고 다리에 운행되며 허리에서 주재(主宰)하고 말초의 마디에서 발(發)해지는 것"[7]이 요구된다.

---

7) 경기각근, 행어퇴, 주재어요, 발어초절. (勁起脚根, 行於腿, 主宰於腰, 發於梢節.)

[그림 8-134]

제이단(第二段)

第 十 四 式 · 腰攔肘 (요란주)	第 十 九 式 · 裹變裹變 (과변과변)
第 十 五 式 · 大肱拳小肱拳 (대굉권소굉권)	第 二 十 式 · 獸頭勢 (수두세)
第 十 六 式 · 玉女穿梭 (옥녀천사)	第二十一式 · 披架子 (피가자)
第 十 七 式 · 倒騎龍 (도기룡)	第二十二式 · 翻花舞袖 (번화무수)
第 十 八 式 · 掩手肱拳 (엄수굉권)	第二十三式 · 掩手肱拳 (엄수굉권)

第 十四 式 腰攔肘(요란주)

구령 1 (그림 8-135·136) : 오른발을 들어 올리고 동시에 오른쪽 팔뚝은 팔꿈치를 구부려서 오른쪽 가슴 앞으로 거두어들인다. 왼손은 보조를 맞추어 앞으로 뻗는다. 얼굴은 동쪽으로 향한다.

구령 2 (그림 8-137·138) : 몸을 왼쪽으로 180° 돌린다. 동시에 오른발은 진각(震脚)을 하며 땅에 떨구고 왼발을 들어 올린 후 좌전방(左前方)을 향해 크게 일보(一步) 내디딘다. 중심(重心)은 오른쪽에 있다. 얼굴은 서쪽으로 향한다.

구령 3 (그림 8-139·140) : 몸을 급속하게 왼쪽으로 돌리고 중심(重心)은 신속하게 왼쪽으로 옮긴다. 몸을 따라 오른쪽 팔꿈치를 돌

[그림 8-135]　　　[그림 8-136]　　　[그림 8-137]　　　[그림 8-137 정면도]

노가이로(老架二路) - 제이단

려 좌전방(左前方)을 향해 팔꿈치를 세워 가격해낸다. 왼손은 같은 속도로 왼쪽 팔꿈치를 맞이하여 때린다. 눈은 좌전방(左前方)을 바라본다. 얼굴은 서쪽으로 향한다.

❖ 요점 : 이 초식(招式)은 오른쪽 팔꿈치로 좌전방(左前方)을 향해 가격하는데 몸을 돌리고 중심을 옮기는 관성을 빌려서 해야 한다. 동작은 송활(鬆活)해야 하며 왼발을 내고 오른쪽 팔꿈치를 발(發)하는 것은 방(放)으로, 리듬감(절주節奏)이 있어야 하고 또 이어져 꿰어져 있도록 주의를 기울여야 한다. 몸을 돌리는 것은 경령(輕靈)해야 하며 팔꿈치를 발(發)하는 것은 맹렬해야 한다.

[그림 8-138]

[그림 8-139]

[그림 8-140]

第十五式 大肱拳小肱拳 (대굉권소굉권)

구령 1 (그림 8-141~144) : 오른손 주먹을 장(掌)으로 바꾸어 오른쪽을 향해 이끌고 중심(重心)을 약간 오른쪽으로 옮긴다. 이어서 왼발 발끝을 밖으로 벌리고 몸을 왼쪽으로 45 돌리고 중심(重心)을 왼발로 옮기고 오른발을 들어 올려 우측(右側)을 향해 상보(上步)한다. 동시에 몸이 도는 것을 따라서 왼손은 외선(外旋)으로 돌리고 오른손은 내선(內旋)으로 돌리며 좌측(左側)을 향해 호(弧)를 그리면서 밖으로 붕(掤)을 하여 몸 앞에 이르게 한다. 눈은 우전방(右前方)을 바라본다. 얼굴은 남쪽으로 향한다.

구령 2 (그림 8-145~148) : 몸을 먼저 왼쪽으로 돌린 후에 오른쪽으로

[그림 8-141]

[그림 8-142]

[그림 8-143]

[그림 8-144]

돌린다. 중심(重心)을 오른발로 옮기고 왼발을 우후방(右後方)을 향해 삽보(揷步)⁸⁾로 내어 발바닥 앞부분을 땅에 떨군다. 동시에 오른손은 먼저 내선(內旋)으로 돌린 후에 외선(外旋)으로 돌리며 왼쪽을 향해 가슴 앞을 경유하여 호(弧)를 그리고 팔꿈치를 구부려 우전방(右前方)에 놓는데 장심(掌心)은 비스듬하게 아래로 향한다. 왼손은 먼저 외선(外旋)으로 돌린 후에 내선(內旋)으로 돌려 아래로 향하고 오른쪽으로 향하게 호(弧)를 그려서 배 앞에 놓는다. 장심(掌心)은 비스듬하게 위로 향한다. 얼굴은 남쪽으로 향한다.

---

8) 투보(偸步)라고도 하며 한쪽 발의 뒤쪽으로 보(步)를 몰래 들키지 않게 내는 듯하여 투보(偸步)하고도 하며 보(步)를 뒤로 찌르듯이 내어 교차된 형상을 보여서 삽보(揷步)라고 부른다.

[그림 8-145]   [그림 8-146]   [그림 8-147]   [그림 8-148]

구령 3 (그림 8-149·150) : 몸을 왼쪽으로 돌리고 중심(重心)을 왼쪽으로 옮기어 왼발을 실(實)하게 딛는다. 오른발은 우측(右側)을 향하여 횡(橫)으로 일보(一步) 내고 동시에 왼손은 외선(外旋)으로 돌리며 위를 향해 호(弧)를 그리어 좌전방(左前方)에 오게 하고 오른손은 먼저 외선(外旋)으로 돌린 후에 내선(內旋)으로 돌리며 호(弧)를 그려 배 앞에 오도록 한다. 이상의 동작을 세 번 중복하며 연달아 삼보(三步)를 삽보(揷步)로 뗀다.

구령 4 (그림 8-151·152) : 중심(重心)을 오른쪽으로 옮기고 몸을 오른쪽으로 180° 돌린다. 왼발은 몸이 도는 것을 따라 들어 올린 후에 좌측(左側)을 향해 횡(橫)으로 일보(一步) 낸다. 오른손은 외선(外旋)으로 돌리고 왼손은 내선(內旋)으로 돌리어 호(弧)를 그리며 위로 붕(掤)을 하여 오른손을 우상방(右上方)에 놓고 왼

[그림 8-149]

[그림 8-150]

[그림 8-151]

[그림 8-152]

노가이로(老架二路) – 제이단

손은 좌하방(左下方)에 놓는다. 얼굴은 북쪽으로 향한다.

구령 5 (그림 8-153~159) : 몸을 먼저 오른쪽으로 돌리고 다시 왼쪽으로 돌리고 중심(重心)은 왼쪽으로 옮긴다. 왼손은 먼저 내선(內旋)으로 다시 외선(外旋)으로 돌려 오른쪽을 향해 가슴 앞을 지나 좌상방(左上方)을 향해 호(弧)를 그려서 왼쪽 전상방(前上方)까지 오도록 한다. 장심(掌心)은 밖으로 향하게 한다. 오른손은 먼저 외선(外旋)으로 다시 내선(內旋)으로 돌리는데 아래를 향하고 왼쪽을 향해 호(弧)를 그려서 배 앞에 오도록 한다. 장심(掌心)은 위로 향하게 한다. 동시에 오른발은 좌후방(左後方)을 향해 투보(偸步)로 낸다. 뒤따라서 왼발은 왼쪽을 향해 횡(橫)으로 일보(一步) 내고 왼손은 아래를 향해 호(弧)를 그려 배 앞에 오도록 하고 오른손은 위를 향해 호(弧)를 그려 우전방(右前方)

[그림 8-153]   [그림 8-154]   [그림 8-155]   [그림 8-156]

에 오도록 한다. 눈은 좌전방(左前方)을 바라본다. 얼굴은 북쪽으로 향한다.

이상의 동작을 세 번 중복하며 연달아 삼보(三步)를 삽보(揷步)로 뗀다.

❖ 요점 : 1. 이 초식(招式)은 연속으로 투보(偸步)를 떼고 양손이 상하(上下) 좌우(左右)로 호(弧)를 그리는데 조화롭게 일치하여야 하고 중심(重心)을 잘 통제하여야 한다.

2. 관(髖) 부위, 즉 과(胯) 부위는 일정한 정도로 구부린 상태를 유지하여야 하지만 지나치게 낮게 하여 동작을 억지로 하여서는 아니 된다.

[그림 8-157]　　　　　[그림 8-158]　　　　　[그림 8-159]

第 十六 式 玉女穿梭 (옥녀천사)

구령 1 (그림 8-160) : 몸을 왼쪽으로 돌리고 중심(重心)을 왼쪽으로 옮긴다. 오른발은 계속하여 투보(偸步)로 떼고 양손은 계속하여 호(弧)를 그린다.

구령 2 (그림 8-161) : 중심(重心)을 오른발로 옮기고 왼발은 왼쪽을 향해 횡(橫)으로 크게 일보(一步) 내디딘다. 동시에 몸을 오른쪽으로 돌리고 왼손은 위로 붕(掤)을 하고 오른손은 내선(內旋)으로 돌며 하침(下沈)하여 호(弧)를 그리어 오른쪽 무릎 전상방(前上方)에 오게 한다. 눈은 우하방(右下方)을 본다.

구령 3 (그림 8-162) : 중심(重心)을 왼쪽 다리로 옮기고 오른발을 거

[그림 8-160]

[그림 8-161]

[그림 8-162]

두어들인다. 발바닥 앞부분으로 땅에 떨군다. 동시에 좌장(左掌)은 내선(內旋)으로 돌리며 거두어들이고 우장(右掌)은 내선(內旋)으로 돌리며 다리를 따라 위로 거두어 배 앞에 오게 한다.

구령 4 (그림 8-163) : 중심(重心)은 바꾸지 않고 오른발을 계속하여 거두어들인다. 발바닥 앞부분이 닿아 있던 것을 발뒤꿈치로 착지(着地)하고 발끝을 위로 치켜 갈고리처럼 한다. 동시에 우장(右掌)은 내선(內旋)으로 돌며 위로 들어 몸 앞에 오게 하고 좌장(左掌)은 내선(內旋)으로 돌며 가슴 앞에 오게 한다. 장심(掌心)은 서로 마주하게 하며 몸은 약간 내려앉는다. 양손 손목은 약간 좌완(坐腕)을 하며 하침(下沈)한다. 얼굴은 동쪽으로 향한다.

구령 5 (그림 8-164~172) : 오른발을 전방(前方)을 향하여 빠르게 상보(上步)하고 왼발은 신속하게 촉보(促步)로 앞으로 따라간다. 이렇게 연속으로 삼보(三步)를 나간다. 양손은 자연스럽게 배합(配合)하며 뚜렷한 동작이 없다. 눈은 전방(前方)을 바라본다.

❖ 요점 : 앞을 향해 촉보(促步)로 따를 때 허리는 반드시 탑하(榻下)하여야 하며 과(胯)는 반드시 내려앉아야 한다. 몸은 자연스럽게 바르고 곧게 세우도록 하고 높아졌다 낮아졌다 하는 기복(起伏)이 있어서는 아니 된다. 오른발을 뻗어내는 것은 가벼워야 하고 왼발이 촉보(促步)로 나가는 것은 무거워야 한다. 왼발이 땅을 밟으면 오른발은 바로 일어나야 한다. 동작은 빠르고 안정되며 온전해야 한다.

노가이로(老架二路) – 제이단

[그림 8-163]

[그림 8-164]

[그림 8-165]

[그림 8-166]

[그림 8-167]

[그림 8-168]

[그림 8-169]

[그림 8-170]

[그림 8-171]

[그림 8-172]

第 十七 式 倒騎龍 (도기륭)

구령 1 (그림 8-173·174) : 중심(重心)을 왼발로 옮기고 오른발은 계속 앞으로 일보(一步)를 뻗고 발끝을 밖으로 벌린다. 동시에 좌장(左掌)은 약간 위로 올리고 우장(右掌)은 약간 하침(下沈)한다. 눈은 전방(前方)을 바라본다.

구령 2 (그림 8-175~177) : 중심(重心)을 오른발로 옮기고 몸을 오른쪽으로 180° 돌린다. 왼발을 들어서 몸이 도는 것을 따라 앞을 향해 일보 뻗어내어 발뒤꿈치로 착지(着地)한다. 좌장(左掌)을 먼저 앞으로 뻗고 다시 뒤를 향해 호(弧)를 그리고 구수(鈎手)로 바꾸어 몸 뒤에 놓는데 손바닥 쪽이 비스듬히 위로 향하고 구수(鈎手)의 끝은 뒤로 향하게 한다. 우장(右掌)은 내선(內旋)으로 돌고나서 앞으로 뻗고 손가락 끝은 위로 향한다. 얼굴은 서쪽으로 향한다.

구령 3 (그림 8-178~184) : 오른발은 촉보(促步)로 떼고 왼발은 앞을 향해 상보(上步)한다. 이렇게 연속으로 삼보(三步)를 나가고 삼보(三步)를 촉보(促步)로 뗀다. 눈은 전방을 바라본다. 얼굴은 서쪽으로 향한다.

❖ 요점 : 이 초식(招式)은 몸을 돌릴 때 중심(重心)의 변화가 빨라야 한다. 왼손을 앞으로 뻗을 때 왼발을 들어 올리고 아울러 안으로 합(合)하는 의(意)가 있어야 하며 상하상수(上下相隨)하여야 한다.

노가이로(老架二路) - 제이단

[그림 8-173]    [그림 8-174]    [그림 8-175]    [그림 8-176]

[그림 8-177]    [그림 8-178]    [그림 8-179]    [그림 8-180]

[그림 8-181]    [그림 8-182]    [그림 8-183]    [그림 8-184]

第 十八 式 掩手肱拳 (엄수굉권)

구령 1 (그림 8-185~188) : 중심(重心)을 왼쪽으로 옮기고 몸을 오른쪽으로 180° 돌린다. 동시에 오른쪽 다리는 무릎을 구부려 위로

[그림 8-185]

[그림 8-186]

[그림 8-187]

[그림 8-188]

들고 왼손 주먹은 위로 올려 치고 오른쪽 주먹은 아래로 내려친다. 얼굴은 동쪽으로 향한다.

구령 2 (그림 8-189~192) : 동작은 제십삼식(第十三式) 엄수굉권(掩手肱拳)과 같다.

[그림 8-189]

[그림 8-190]

[그림 8-191]

[그림 8-192]

第十九式 裹變裹變 (과변과변)

구령 1 (그림 8-193~195) : 몸을 오른쪽으로 돌린다. 신법(身法)은 약간 하침(下沈)한다. 오른손 주먹은 팔꿈치를 구부려 가슴 앞으로 거두어들인다. 동시에 좌장(左掌)은 주먹으로 바꾸어 외선(外旋)으로 돌리며 왼쪽 무릎의 내측(內側)까지 내려 꽂는다. 중심(重心)은 오른쪽으로 옮기고 왼발 발끝은 안으로 합(合)을 한다. 동시에 양손 주먹은 외선(外旋)으로 돌리며 하침(下沈)하고 권심(拳心)은 뒤로 향한다.

구령 2 (그림 8-196·197) : 중심(重心)을 왼발로 옮기고 몸을 오른쪽으로 약 270°를 돌린다. 오른쪽 다리는 무릎을 구부려서 들어 올린다. 동시에 양손 주먹은 하복부 앞에서 교차한다. 얼굴은 북쪽으로 향한다.

구령 3 (그림 8-198~201) : 오른발을 땅에 떨구며 진각(震脚)을 하고 바로 이어서 왼발을 들어 오른쪽을 향해 횡(橫)으로 일보(一步) 벌린다. 양손 주먹을 일제히 위를 향해 외선(外旋)으로 돌며 얼굴 앞을 경유하여 좌우 양 옆을 향해 아래로 내려쳐서 양쪽 무릎의 전상방(前上方)에 놓는다. 권심(拳心)은 위로 향한다. 중심(重心)을 잘 배합(配合)하여 왼족으로 옮기고 몸은 아래로 내려 앉는다. 눈은 전방을 바라보고 양쪽 옆을 함께 살핀다. 얼굴은 북쪽으로 향한다.

노가이로(老架二路) - 제이단

[그림 8-193] 　　[그림 8-194] 　　[그림 8-195] 　　[그림 8-196]

[그림 8-197] 　　[그림 8-197 정면도] 　　[그림 8-198] 　　[그림 8-199]

[그림 8-199 정면도] 　　[그림 8-200] 　　[그림 8-200 정면도] 　　[그림 8-201]

구령 4 (그림 8-202~212) : 바로 이어서 다시 반복하여 왼쪽으로 이동하는 것을 두 차례 한다.

구령 5 (그림 8-213~231) : 오른발을 들어 올리고 왼발을 안으로 당겨 잠근다. 몸은 오른쪽을 향해 180° 돌리고 다시 연속으로 왼쪽으로 삼보(三步)를 이동하며 발경(發勁)을 세 번 한다. 얼굴은 남쪽으로 향한다.

❖ 요점 : 이 초식(招式)은 연속으로 발경(發勁)을 여섯 번 한다. 비록 방향은 다르지만 발경(發勁)하는 요령은 완전히 같다. 첫 번째는 모두 몸을 돌린 후에 발경(發勁)하고 두번째와 세번째는 진각(震脚)을 한 후에 발경(發勁)한다. 그러나 한쪽 발이 아직 땅에 떨어지지 않았을 때 다른 한 발이 바로 떠오르고, 양손 주먹이 위로 올라갈 때는 약간 느리게 하고

[그림 8-202]

[그림 8-203]

[그림 8-204]

노가이로(老架二路) - 제이단

[그림 8-205]

[그림 8-206]

[그림 8-207]

[그림 8-208]

[그림 8-209]

[그림 8-210]

[그림 8-211]

[그림 8-212]

[그림 8-213]

진소왕태극권(陳小旺太極拳)

[그림 8-214]

[그림 8-215]

[그림 8-216]

[그림 8-217]

[그림 8-218]

[그림 8-219]

[그림 8-220]

[그림 8-221]

[그림 8-222]

노가이로(老架二路) - 제이단

[그림 8-223]

[그림 8-224]

[그림 8-225]

[그림 8-226]

[그림 8-227]

[그림 8-228]

[그림 8-229]

[그림 8-230]

[그림 8-231]

아래로 내리칠 때는 빠르고 맹렬하고 무겁게 해야 한다. 몸이 아래로 내려앉는 것을 따라 송견침주(鬆肩沈肘)하고 경력(勁力)이 끝마디에 도달하도록 주의를 기울여야 하며 뻣뻣한 강경(僵勁)이나 뚝심 류의 졸경(拙勁)을 써서는 아니 된다.

第 二十 式 獸頭勢 (수두세)

구령 1 (그림 8-232~234) : 몸을 약간 오른쪽으로 돌리고 중심(重心)을 약간 오른쪽으로 옮긴다. 동시에 양손 주먹은 외선(外旋)으로 돌리며 위로 들어 안으로 합(合)을 하여 몸 앞에 오도록 한다. 오른손 주먹은 어깨와 나란하게 하고 권심(拳心)을 아래로 향하

[그림 8-232]

[그림 8-233]

[그림 8-234]

노가이로(老架二路) – 제이단

도록 한다. 왼손 주먹은 가슴 앞에 오도록 하고 권심(拳心)이 안으로 향하도록 한다. 얼굴은 남쪽으로 향하도록 한다.

구령 2 (그림 8-235 · 236) : 몸을 오른쪽으로 돌리고 왼발 발끝을 안으로 당겨 잠근다. 중심(重心)은 왼쪽 다리로 옮기고 오른쪽 다리는 반보(半步)를 거두어 몸 앞에 두고 발끝으로 땅을 찍는다. 동시에 양손 주먹은 내선(內旋)으로 돌리며 밖으로 뻗는데 왼손 주먹은 가슴 앞에 이르러 어깨와 수평이 되게 하고 권심(拳心)이 안으로 향하게 한다. 오른손 주먹은 하침(下沈)하게 하고 권심(拳心)이 위로 향하게 한다. 얼굴은 서남쪽으로 향하게 한다.

[그림 8-235]

[그림 8-236]

진소왕태극권(陳小旺太極拳)

구령 3 (그림 8-237~239) : 몸을 계속 오른쪽으로 돌린다. 오른쪽 다리를 뒤로 일보(一步) 물리고 중심(重心)을 오른쪽 다리로 옮긴다. 동시에 왼쪽 다리를 반보(半步) 몸 앞으로 거두어들이고 발끝으로 땅을 찍는다. 왼손 주먹은 앞을 향하고 아래로 향하게 호(弧)를 그리며 왼쪽 가슴 앞으로 거두어들인다. 오른손 주먹은 뒤를 향하고 위를 향하게 호(弧)를 그리며 오른쪽 가슴 앞으로 거두어들이는데 어깨보다 약간 높게 한다. 얼굴은 서북쪽으로 향하게 한다.

❖ 요점 : 이 초식(招式)은 동작이 연관(連貫)되어야 한다. 비록 발경(發勁)은 하지 않지만 축경(蓄勁)을 하여 발경(發勁)에 대비하여서 다음 초식(招式)에서 발경(發勁)을 하기 위한 준비를 잘 하여야 한다. 놓치거나 맞서지 않고(불주부정不丟不頂)하고 사면팔방으로 지탱(팔면지탱八面支撐)하는 신법(身法)을 잘 유지하여야 한다.

[그림 8-237]

[그림 8-237 정면도]

[그림 8-238]

第 二十一 式 披架子 (피가자)

구령 1 (그림 8-240·241) : 몸을 약간 오른쪽으로 돌리고 왼발을 들어 좌측(左側)을 향해 크게 일보(一步) 내디딘다. 동시에 양손

[그림 8-238 정면도]

[그림 8-239]

[그림 8-239 정면도]

[그림 8-240]

[그림 8-240 정면도]

[그림 8-241]

주먹은 장(掌)으로 바꾸어 양쪽 팔뚝을 교차시켜 가슴 앞에 합(合)을 한다. 얼굴은 좌측(左側)으로 향한다.

구령 2 (그림 8-242·243) : 바로 이어서 몸을 급속하게 왼쪽으로 돌리고 중심(重心)을 빠르게 왼쪽으로 옮긴다. 왼쪽 팔뚝은 왼쪽 전상방(前上方)을 향해 발경(發勁)하고 오른쪽 팔뚝은 우하방(右下方)을 향해 같은 속도로 발(發)해낸다. 왼손 장심(掌心)은 위로 향하고 오른손 장심(掌心)은 아래로 향한다. 눈은 좌전방(左前方)을 바라본다. 얼굴은 서북쪽으로 향한다.

❖ 요점 : 왼쪽 팔뚝은 좌상방(左上方)을 향해 발경(發勁)을 맹렬하게 하여야 하고 위로 걷어내는 의(意)도 가져야 한다. 동시에 왼쪽 어깨는 뒤를 향해 때려서(타打) 오른쪽 팔뚝이 아래를 향해 발력(發力)하는 것과 조화롭게 대칭을 이루어야 한다.

[그림 8-241 정면도]　　　[그림 8-242]　　　[그림 8-243]

第 二十二 式 翻花舞袖 (번화무수)

구령 1 (그림 8-244~246) : 중심(重心)을 오른쪽으로 옮기고 왼발을 들어 허공에 띄워 당(膛) 안쪽에 둔다. 양장(兩掌)은 주먹으로 바꾸는데 좌장(左掌)은 아래를 향하여 안쪽을 경유하여 위를 향해 호(弧)를 그리며 가슴 앞에까지 오게 한다. 권심(拳心)은 위로 향하고 눈은 왼쪽을 본다.

구령 2 (그림 8-247·248) : 제십이식(第十二式) 번화무수(翻花舞袖)와 같다. 다만 도약을 하여 몸을 90° 돌린다.

❖ 요점 : 왼손 주먹을 위로 이끄는 것을 따라 왼발이 함께 올라오게 하여 도약(跳躍)을 하고 오른발을 들어 앞을 향해 일보(一步) 도약을 한다. 동시

[그림 8-244]

[그림 8-244 정면도]

[그림 8-245]

에 오른손 주먹으로 아래를 향해 맹렬하게 가격을 하고 좌장(左掌)은 오른쪽을 향해 벌려 내려간다(붕崩). 도약(跳躍)을 하고 땅에 내려서고 또 동작이 온전하게 일치하여야 한다.

[그림 8-246]

[그림 8-247]

[그림 8-248]

[그림 8-249]

[그림 8-250]

[그림 8-251]

第 二十三 式 掩手肱拳 (엄수굉권)

동작은 제십삼식(第十三式) 엄수굉권(掩手肱拳)과 같다. 다만 방향이 반대로 된다. 얼굴이 서쪽으로 향한다.

(그림 8-249~254)

[그림 8-252]

[그림 8-253]

[그림 8-254]

❂ 제삼단(第三段) ❂

第二十四式 • 伏虎 (복호)	第二十九式 • 掩手肱拳 (엄수굉권)
第二十五式 • 抹眉肱 (말미굉)	第 三 十 式 • 掃堂腿 (소당퇴)
第二十六式 • 黃龍三攪水 (황룡삼교수)	第三十一式 • 掩手肱拳 (엄수굉권)
第二十七式 • 左衝 (좌충)	第三十二式 • 全炮捶 (전포추)
第二十八式 • 右衝 (우충)	第三十三式 • 掩手肱拳 (엄수굉권)

[그림 8-255]

[그림 8-256]

[그림 8-257]

第 二十四 式 伏虎 (복호)

구령 1 (그림 8-255) : 몸을 약간 왼쪽으로 돌린다. 오른손 주먹은 내선(內旋)으로 돌리며 좌상방(左上方)을 향해 이끌어내고 오른쪽 팔꿈치는 약간 떨어뜨린다. 권심(拳心)은 위로 향하게 한다. 왼손은 주먹으로 바꾸어 약간 외선(外旋)으로 돌리며 떨어뜨려 몸의 왼쪽 과(胯) 옆에 놓는다. 눈은 우측(右側)을 바라본다.

구령 2 (그림 8-256~260) : 중심(重心)을 오른쪽 다리로 옮긴다. 동시에 오른손 주먹은 아래를 향하고 오른쪽을 향해 호(弧)를 그리며 몸의 우측(右側)에 이르게 하여서 허리와 수평이 되게 한다. 왼손 주먹은 왼쪽 과(胯) 옆으로부터 좌상방(左上方)을 경유하여

[그림 8-258]

[그림 8-259]

[그림 8-260]

몸 앞을 향하여 호(弧)를 그리며 왼쪽 어깨의 전상방(前上方)까지 거두어들인다. 눈은 우측(右側)을 바라본다.

구령 3 (그림 8-261·262) : 몸을 왼쪽으로 돌리고 중심(重心)을 오른쪽 다리로 옮기고 아래를 향해 완전히 내려앉는다. 왼발은 안으로 당겨 잠근다. 동시에 몸이 도는 것을 따라 오른손 주먹은 위를 향하여 호(弧)를 그리며 머리의 우측(右側)에 이르도록 하는데 머리보다 약간 높게 한다. 권심(拳心)은 안으로 향한다. 왼손 주먹은 아래를 향해 호(弧)를 그리며 왼쪽 무릎의 내측(內側)에 오게 한다. 권심(拳心)은 안으로 향하고 양손 주먹은 합경(合勁)하도록 한다. 눈은 좌전방(左前方)을 바라본다. 얼굴은 서북쪽으로 향한다.

❖ **요점** : 이 초식(招式)은 축신법(縮身法)이다. 한손은 머리를 보호하고 한손

[그림 8-261]

[그림 8-262]

[그림 8-262 정면도]

은 무릎을 보호한다. 눈은 전방(前方)을 바라보아 상대방으로 하여금 허점(虛點)을 찾을 수 없는 느낌을 가지도록 한다.

第 二十五 式 抹眉肱 (말미굉)

구령 1 (그림 8-263·264) : 중심(重心)을 왼쪽 다리로 옮기고 왼발 발끝을 밖으로 벌린다. 몸을 왼쪽으로 45° 벌린다. 왼쪽으로 도는 것을 따라 오른쪽 다리를 구부려 들어 올리고 오른손 주먹을 오른쪽 어깨 앞까지 거두어들인다. 권심(拳心)은 안으로 향한다. 왼손 주먹도 배합(配合)하여 안을 향해 가슴 앞에까지 거두어들인다. 눈은 전방(前方)을 바라본다.

[그림 8-263]   [그림 8-263 정면도]   [그림 8-264]   [그림 8-264 정면도]

구령 2 (그림 8-265·266) : 몸이 왼쪽으로 135° 도는 것을 따라 오른발을 땅에 떨어뜨려 아래로 진각(震脚)하고 왼발을 들어올려 좌전방(左前方)을 향하여 상보(上步)한다. 동시에 오른손 주먹을 오른쪽 가슴 앞으로 거두어들인다. 권심(拳心)은 위로 향한다. 왼손 주먹을 배합하여 몸을 왼쪽으로 돌린다. 권심(拳心)은 위로 향한다. 눈은 전방(前方)을 바라본다.

구령 3 (그림 8-267) : 몸이 왼쪽으로 45° 도는 것을 따라 중심(重心)을 신속하게 왼쪽 다리로 옮긴다. 동시에 오른손 주먹을 장(掌)으로 바꾸어 갑작스럽게 앞을 향해 발(發)해내는데 어깨와 같은 높이로 하고 장심(掌心)이 앞으로 향하게 하며 손가락 끝은 위로 향하게 한다. 왼쪽 팔꿈치는 같은 속도로 좌후방(左後方)을 향해 가격해 나간다. 눈은 전방(前方)을 바라본다. 얼굴은 정동방(正

[그림 8-265]

[그림 8-266]

[그림 8-267]

노가이로(老架二路) - 제삼단

東方)으로 향한다.

❖ 요점 : 이 초식(招式)은 오른발을 들어 올리고 땅에 내리는 것에서부터 다시 왼발을 들어 올리고 바로 이어서 오른손 주먹을 발(發)해 내는 것이 줄곧 몸을 돌리면서 보법(步法)을 배합(配合)하여 한 기운에 이루어진다. 몸을 돌리는 것은 안정되어야 하고 장(掌)으로 발경(發勁)하는 것은 매서워야 한다.

第 二十六 式 黃龍三攪水 (황룡삼교수)

구령 1 (그림 8-268) : 중심(重心)을 오른쪽으로 옮기는 것에 따라 오

[그림 8-268]

[그림 8-269]

[그림 8-270]

른쪽 다리는 무릎을 구부려 들어올린다. 동시에 왼손은 허리에 질러댄다. 우장(右掌)은 외선(外旋)으로 돌리며 오른쪽 팔뚝을 이끌어서 위로 붕(掤)을 한다.

구령 2 (그림 8-269~271) : 몸이 왼쪽으로 45° 도는 것을 따라 오른발은 아래로 진각(震脚)을 하여 땅에 내려서 왼발의 내측(內側)으로 오게 한다. 바로 이어서 중심(重心)을 오른쪽 다리로 옮긴다. 왼발을 들어 좌후방(左後方)을 향해 일보(一步) 물러나고 이어서 중심(重心)을 왼쪽 다리로 옮긴다. 동시에 우장(右掌)은 위로부터 오른쪽을 향하여 아래를 경유하여 왼쪽을 향하여 호(弧)를 그리며 붕(掤)을 하여 오른쪽 배 앞에 이르게 한다. 장심(掌心)은 전상방(前上方)으로 향하게 한다. 눈은 전방(前方)을 바라본다.

구령 3 (그림 8-272·273) : 몸을 오른쪽으로 45° 돌리고 오른발을 들어 뒤로 일보(一步) 물러나서 땅에 떨군다. 동시에 오른손은 아래로부터 왼쪽을 향하는데 위쪽을 경유하여 오른쪽을 향해 호(弧)를 그리면서 붕(掤)을 하여 오른쪽 어깨의 전상방(前上方)에 이르게 한다. 장심(掌心)은 밖으로 향하게 하고 손가락 끝은 왼쪽으로 향한다. 눈은 전방을 바라본다.

구령 4 (그림 8-274·275) : 동작은 "구령 2"와 같다.

구령 5 (그림 8-276·277) : 동작은 "구령 3"과 같다.

구령 6 (그림 8-278·279) : 몸을 왼쪽으로 45° 돌리고 중심(重心)은 오른쪽 다리로 옮기고 왼쪽 다리를 들어서 좌후방(左後方)을 향

노가이로(老架二路) - 제삼단

[그림 8-271]

[그림 8-272]

[그림 8-273]

[그림 8-274]

[그림 8-275]

[그림 8-276]

[그림 8-277]

[그림 8-278]

[그림 8-279]

해 일보(一步) 물러난다. 동시에 오른손은 뒤를 향하여 아래를 경유하여 왼쪽을 향하며 호(弧)를 그리며 붕(掤)을 하여 오른쪽 무릎의 전상방(前上方)까지 오게 한다. 장심(掌心)은 위로 향하고 눈은 전하방(前下方)을 바라본다.

구령 7 (그림 8-280~282) : 몸을 오른쪽으로 45° 돌리고 중심(重心)을 왼쪽 다리로 옮기고 오른쪽 다리를 들어 뒤로 일보(一步) 물러난다. 동시에 오른손은 왼쪽을 향하고 위쪽을 경유하여 오른쪽으로 향하여 호(弧)를 그리며 붕(掤)을 하며 오른쪽 어깨 전상방(前上方)까지 오게 한다. 장심(掌心)은 밖으로 향하게 하고 손가락 끝은 좌전방(左前方)으로 향한다.

구령 8 (그림 8-283~285) : 중심(重心)은 왼쪽 다리에 두고 몸이 오른쪽으로 90° 도는 것에 따라 오른쪽 다리는 무릎을 구부려 들어 올린다. 동시에 왼손은 허리에 질러 대며 장(掌)으로 바꾸고 허리춤으로부터 위로 향하고 왼쪽으로 향하면서 호(弧)를 그리며 붕(掤)을 하여 왼쪽 어깨의 전상방(前上方)까지 오게 한다. 장심(掌心)은 밖으로 향하게 한다. 오른손은 오른쪽을 향하여 아래를 경유하여 안쪽으로 향하면서 호(弧)를 그려서 허리에 질러 댄다. 눈은 전방(前方)을 바라본다.

구령 9 (그림 8-286·287) : 오른발은 아래로 진각(震脚)을 하며 땅에 떨구고 중심(重心)을 오른쪽 다리로 옮긴다. 바로 이어서 왼쪽 다리를 들어서 좌측(左側)을 향해 크게 일보(一步) 나아간다. 동

노가이로(老架二路) - 제삼단

[그림 8-280]

[그림 8-281]

[그림 8-282]

[그림 8-283]

[그림 8-284]

[그림 8-285]

[그림 8-286]

[그림 8-287]

시에 왼손은 아래를 향하고 안쪽을 향해 호(弧)를 그리면서 배 앞에 이르게 한다. 손바닥 쪽은 위로 향하게 한다.

구령 10 (그림 8-288~290) : 중심(重心)을 왼쪽으로 옮기고 오른발을 들어 왼발 내측(內側)으로 거두어 함께 모아 선다. 동시에 왼손은 외선(外旋)으로 돌리며 위로 향하고 왼쪽으로 향하여 호(弧)를 그리며 붕(掤)을 하여 좌전방(左前方)에 이르게 하는데 어깨보다 약간 높게 하고 장심(掌心)은 밖으로 향하게 하며 손가락 끝은 우상방(右上方)으로 가게 한다.

구령 11 (그림 8-291~300) : 이상의 동작을 연속으로 두 번 중복한다.

[그림 8-288]

[그림 8-289]

[그림 8-290]

노가이로(老架二路) - 제삼단

[그림 8-291]

[그림 8-292]

[그림 8-293]

[그림 8-294]

[그림 8-295]

[그림 8-296]

[그림 8-297]

[그림 8-298]

[그림 8-299]

[그림 8-300]

第 二十七 式 左衝 (좌충)

구령 1 (그림 8-301) : 몸을 약간 일으키고 오른손을 외선(外旋)으로 돌리며 위를 향해 호(弧)를 그리면서 밖으로 붕(掤)을 한다.

구령 2 (그림 8-302·303) : 양손을 내선(內旋)으로 돌리며 아래로 합(合)을 하여 배 앞에 교차하여 거두어들인다. 이어서 양장(兩掌)은 주먹으로 바꾸어 위를 향하여 팔뚝을 구부려 가슴 앞에 놓는다. 동시에 왼쪽 다리는 무릎을 구부려서 위로 든다. 눈은 좌측(左側)을 바라본다. 얼굴은 남쪽으로 향한다.

구령 3 (그림 8-304) : 몸을 약간 가라앉히고 왼발은 좌측(左側)을 향해 신속하게 차낸다(등蹬). 동시에 양손 주먹은 장(掌)으로 바꾸

[그림 8-301]   [그림 8-302]   [그림 8-303]

노가이로(老架二路) - 제삼단

어 좌우를 향해 발(發)해낸다. 장심(掌心)은 약간 뒤로 향하게 한다. 눈은 좌측(左側)을 바라본다.

第 二十八 式 右衝 (우충)

구령 1 (그림 8-305) : 몸을 왼쪽으로 90° 돌리고 왼발을 땅에 떨어뜨리어 왼발 발끝을 밖으로 벌린다. 동시에 양손을 교차하여 가슴 앞에서 합(合)을 한다. 얼굴은 동쪽으로 향한다.

구령 2 (그림 8-306~308) : 몸을 계속 왼쪽으로 90°를 돌린다. 중심(重心)은 왼쪽 다리로 옮기고 오른쪽 다리는 무릎을 구부려 들어

[그림 8-304] [그림 8-305] [그림 8-306]

올려서 오른쪽을 향해 차낸다(등蹬). 동작은 "좌충(左衝)"과 같은데 방향이 반대이다. 얼굴은 북쪽으로 향한다.

❖ 요점 : 좌충(左衝) 우충(右衝)은 주로 양쪽 발이 발력점(發力點)이 되고 양손은 좌우를 향해 발(發)해내어 조화롭게 배합(配合)한다. 발경(發勁)을 하기 전에 낙관탑요(落髖塌腰)를 하고 팔면지탱(八面支撐)하는 신법(身法)을 유지하여야 하며 한쪽 발로는 차고(등蹬) 다른쪽 발로는 중심(重心)을 잘 통제하여서 기(氣)가 하침(下沈)하는 의(意)를 가지도록 하여 들떠서는 아니 된다.

[그림 8-306 정면도]

[그림 8-307]

[그림 8-307 정면도]

[그림 8-308]

第 二十九 式 掩手肱拳 (엄수굉권)

구령 (그림 8-309~316) : 동작은 제십팔식(第十八式) 엄수굉권(掩手肱拳)과 같고 얼굴은 동쪽으로 향하게 한다.

[그림 8-309]

[그림 8-310]

[그림 8-311]

[그림 8-312]

[그림 8-313]

[그림 8-314]

[그림 8-315]

[그림 8-316]

第三十式 掃堂腿 (소당퇴)

구령 1 (그림 8-317~320) : 몸을 신속하게 오른쪽을 향해 숙이고 중심(重心)을 오른쪽 다리로 옮긴다. 오른손 주먹을 장(掌)으로 바꾸고 양장(兩掌)은 몸을 따라 오른쪽으로 돌아 오른발 앞에서 땅에 버틴다(짚는다). 동시에 오른쪽 다리를 완전히 내려앉고 왼쪽 다리를 펼쳐 뻗어서 오른쪽을 향해 원권(圓圈)의 절반(약 180°)을 돌리며 쓸어간다. 얼굴은 북쪽으로 향한다.

구령 2 (그림 8-321~323) : 몸을 계속 오른쪽으로 돌린다. 동시에 중심(重心)을 왼쪽 다리고 옮기고 왼쪽 다리를 완전히 내려앉는다. 오른쪽 다리는 뻗어서 뒤를 향해 180°로 원권(圓圈) 절반을 돌려 쓸어간다. 얼굴은 남쪽으로 향한다.

❖ 요점 : 이 초식(招式)은 몸을 숙여 땅을 짚고 좌우 양쪽 다리로 전후하여 쓸어낸다. 반드시 빠르게 해야 하지만 빠르면서도 어지럽지 않아야 한다.

노가이로(老架二路) - 제삼단

[그림 8-317]

[그림 8-318]

[그림 8-319]

[그림 8-320]

[그림 8-321]

[그림 8-322]

[그림 8-323]

第 三十一 式 掩手肱拳 (엄수굉권)

구령 1 (그림 8-324) : 몸을 일으켜서 오른쪽으로 약 90° 돌린다. 동시에 오른쪽 다리를 몸 앞으로 반보(半步) 거두어들인다. 발끝으로 땅을 찍고 쌍장(雙掌)은 좌상우하(左上右下)로 나누어 벌리는데 왼손 장심(掌心)은 위로 향하게 하고 오른손 장심(掌心)은 아래로 향하게 한다. 눈은 전방(前方)을 바라본다. 얼굴은 서쪽으로 향한다.

구령 2 (그림 8-325~330) : 동작은 제이십구식(第二十九式) 엄수굉권(掩手肱拳) 후반부와 같다. 다만 방향이 반대이다. 얼굴은 서쪽으로 향한다.

第 三十二 式 全炮捶 (전포추)

구령 1 (그림 8-331·332) : 중심(重心)을 왼쪽 다리로 옮기고 오른쪽 다리는 무릎을 구부려서 들어 올린다. 동시에 좌장(左掌)은 주먹으로 바꾸어 앞으로 뻗고 오른쪽 주먹은 내선(內旋)으로 돌리며 팔뚝을 구부려 안으로 합(合)을 한다.

구령 2 (그림 8-333·334) : 몸을 약간 오른쪽으로 돌리고 오른발은 진각(震脚)을 하며 땅에 떨군다. 왼발을 들어 올려 좌측(左側)을 향해 일보(一步) 내디딘다. 동시에 양손 주먹을 내선(內旋)으로 돌리며 배 앞으로 거두어들인다. 얼굴은 서북쪽으로 향한다.

노가이로(老架二路) – 제삼단

[그림 8-324]

[그림 8-325]

[그림 8-326]

[그림 8-327]

[그림 8-328]

[그림 8-329]

[그림 8-330]

[그림 8-331]

[그림 8-332]

[그림 8-333]

[그림 8-334]

구령 3 (그림 8-335·336) : 몸을 약간 왼쪽으로 돌리고 중심(重心)을 빠르게 왼쪽발로 옮긴다. 동시에 몸이 도는 것을 따라 양손 주먹은 아래로부터 위로 올라가 좌측(左側)을 향해 발력(發力)하는데 왼손 주먹이 주(主)가 되며 권심(拳心)은 비스듬하게 안쪽으로 향한다. 오른손 주먹은 보조가 되며 권심(拳心)은 비스듬하게 아래로 향한다. 눈은 전방을 바라본다. 얼굴은 서북쪽으로 향한다.

구령 4 (그림 8-337~342) : 동작과 요령은 "구령 1·2·3"과 같다. 다만 보법(步法)과 방향이 반대이다.

❖ 요점 : 이 초식(招式)은 좌우로 비스듬하게 위를 향해 발력(發力)한다. 난이도가 비교적 높으며 졸력(拙力)을 쓰기 쉽다. 송견침주(鬆肩沈肘)와 과(胯)를 여는 것(개관開髖)에 주의를 기울여야 하고 허리를 축(軸)으로 하여야 한다. 운행을 하는 과정 중에 허실(虛實)을 분명하게 구분하여야 하며 상하상수(上下相隨)하여야 한다. 먼저 축경(蓄勁)을 하고 나중에 발경(發勁)하는데 경(勁)을 양손 주먹에까지 써야 한다.

노가이로(老架二路) - 제삼단

[그림 8-335]   [그림 8-336]

[그림 8-337]   [그림 8-338]   [그림 8-339]

[그림 8-340]   [그림 8-341]   [그림 8-342]

第 三十三 式 掩手肱拳 (엄수굉권)

(그림 8-343~351) : 동작은 제이십구식(第二十九式) 엄수굉권(掩手肱拳)과 같다. 다만 방향이 반대이다.

[그림 8-343]

[그림 8-344]

[그림 8-345]

노가이로(老架二路) – 제삼단

[그림 8-346]

[그림 8-347]

[그림 8-348]

[그림 8-349]

[그림 8-350]

[그림 8-351]

❂ 제사단(第四段) ❂

第三十四式 • 搗叉搗叉(도차도차)

第三十五式 • 左二肱右二肱(좌이굉우이굉)

第三十六式 • 回頭當門炮(회두당문포)

第三十七式 • 窩底大捉炮(와저대착포)

第三十八式 • 腰攔肘(요란주)

第三十九式 • 順攔肘(순란주)

第 四 十 式 • 窩底炮(와저포)

第四十一式 • 回頭井攔直入(회두정란직입)

第四十二式 • 金剛搗碓(금강도대)

第四十三式 • 收勢(수세)

[그림 8-352]

[그림 8-353]

[그림 8-353 정면도]

第 三十四 式 搗叉搗叉 (도차도차)

구령 1 (그림 8-352~354) : 몸을 오른쪽으로 돌리고 중심(重心)을 왼발로 옮긴다. 동시에 오른쪽 다리는 무릎을 구부려서 들고 오른손 주먹은 내선(內旋)으로 돌리며 뒤로 향하고 안으로 향하게 배 앞에까지 거두어들인다. 권심(拳心)은 위로 향한다. 좌장(左掌)은 위로 향하면서 밖으로 버티다가 하침(下沈)하여 오른손 주먹을 둘러서 싸고 장심(掌心)이 안으로 향하게 한다. 눈은 우측(右側)을 바라본다.

구령 2 (그림 8-355·356) : 바로 이어서 오른발을 횡(橫)으로 일보(一步) 내고 중심(重心)을 빠르게 오른쪽으로 옮기고 오른손 주먹은 우측(右側) 아래를 향해 발력(發力)한다. 권심(拳心)은 약

[그림 8-354]

[그림 8-355]

[그림 8-356]

간 밖으로 향한다. 왼쪽 팔꿈치는 같은 속도로 좌측(左側)을 향해 쳐낸다. 눈은 우측(右側)을 바라본다. 얼굴은 북쪽으로 향한다.

구령 3 (그림 8-357~361) : 몸을 오른쪽으로 돌리고 중심(重心)을 오른쪽 다리로 옮긴다. 왼발을 들어 오른쪽을 향해 개보(蓋步)로 떼고 이어서 오른발을 들어 우측(右側)을 향해 횡(橫)으로 일보(一步) 낸다. 동시에 오른손 주먹은 먼저 안으로 향하여 거두어 들이고 다시 우측(右側)을 향해 발력(發力)한다. 권심(拳心)은 약간 뒤로 향한다. 동시에 왼손은 먼저 위로 향하고 밖으로 향하여 붕(掤)을 한 후에 다시 팔꿈치로 아래로 향하고 좌측(左側)을 향해 쳐낸다. 눈은 우측(右側)을 바라본다. 얼굴은 북쪽으로 향한다.

❖ 요점 : 1. 발경(發勁)할 때 오른쪽 팔뚝이 주(主)가 되고 왼쪽 팔뚝은 보조가 된다.

[그림 8-357]

[그림 8-358]

[그림 8-359]

노가이로(老架二路) - 제사단

2. 개보(蓋步)는 노가일로(老架一路)의 동작과 기본적으로 같은데 동작이 빠르다. 왼발이 착지(着地)할 때 오른발을 바로 들게된다. 숙련이 되면 도약(跳躍)하는 도보(跳步)로 바꿀 수 있다.

第 三十五 式 左二肱右二肱 (좌이굉우이굉)

구령 1 (그림 8-362) : 몸을 오른쪽으로 약 180° 돌린다. 중심(重心)은 오른쪽에 두고 왼발을 앞을 향해 상보(上步)한 후에 중심(重心)을 빠르게 왼쪽으로 옮긴다. 동시에 왼손 주먹은 앞을 향해 쳐낸다. 권심(拳心)은 아래로 향하게 한다. 오른쪽 팔꿈치는 뒤를 향해 쳐내는데 권심(拳心)은 위로 향하게 한다.

[그림 8-360]

[그림 8-361]

[그림 8-362]

구령 2 (그림 8-363) : 바로 이어서 오른손 주먹을 앞을 향해 쳐내고 (엄수굉권掩手肱拳이 된다.) 권심(拳心)이 아래로 향하게 한다. 왼쪽 팔꿈치는 뒤를 향해 쳐내고 권심(拳心)은 위로 향하도록 한다. 이어서 좌우(左右) 주먹을 다시 전후하여 쳐내어 모두 네 번을 쳐낸다. 중심(重心)은 바꾸지 않는다.

❖ 요점 : 1. 이 초식(招式)은 좌우 양손이 전후하여 각각 두 번씩 주먹을 내지른다. 그래서 좌이굉(左二肱)·우이굉(右二肱)이 된다. 첫 번째 주먹은 왼발이 나가서 왼손 주먹을 내지르고 바로 이어서 연달아 주먹을 세 번 내지른다. 비록 중심(重心)이 줄곧 왼쪽에 있지만 주먹을 내지를 때마다 허리를 축(軸)으로 하고 당경(膧勁)이 반드시 조화롭게 배합(配合)되어야 한다.

[그림 8-363]

2. 주먹을 한 번 내지를 때마다 다른 쪽 주먹과 팔꿈치가 주먹을 발(發)하는 반대 방향으로 발(發)해져서 "앞으로 나면 뒤로 물러남이 있고 왼쪽으로 감이 있으면 오른쪽으로 감이 있는 것"[9]이 실현되도록 주의를 기울여야 중심(重心)이 안정되고 경력(勁力)이 순조롭게 도달할 수 있다. 만약 한쪽 주먹으로 발력(發力)하는 것에만 신경을 쓰면 오히려 효과를 거둘 수 없다.

---

9) 유전유후, 유좌유우. (有前有後, 有左有右.)

第 三十六 式 回頭當門炮 (회두당문포)

구령 1 (그림 8-364) : 몸을 약간 오른쪽으로 돌리고 重心(중심)을 오른쪽 다리로 옮긴다. 동시에 왼쪽 다리는 무릎을 구부려서 들어올리고 왼손 주먹은 앞으로 뻗는다. 권심(拳心)은 아래로 향한다. 오른손 주먹은 오른쪽 가슴으로 거두어들이는데 권심(拳心)은 안쪽으로 향하게 한다. 눈은 전방을 바라본다. 몸은 동남쪽으로 향한다.

구령 2 (그림 8-365~368) : 왼발을 들어 올리고 몸은 왼쪽으로 180° 돌린 후에 오른발을 땅에 떨구고 발끝을 안쪽으로 당겨 잠근다. 왼발은 세(勢)에 순응하여 좌후방(左後方)을 향해 투보(偸步)로 일보(一步) 물러나고 동시에 양손 주먹은 위로 붕(掤)을 하는데 권심(拳心)은 모두 안쪽으로 향한다. 오른손 주먹이 밖에 있게 하고 왼손 주먹은 안에 있게 하여 양손 주먹은 내선(內旋)으로 배 앞으로 거둔다. 권심(拳心)은 위로 향하게 한다. 눈은 전방을 바라본다. 얼굴은 서남쪽으로 향한다.

구령 3 (그림 8-369·370) : 오른발을 들어 우전방(右前方)을 향해 크게 일보(一步) 나간다. 몸을 급속(急速)하게 오른쪽으로 돌리고 중심(重心)을 오른쪽으로 옮긴다. 동시에 양손 주먹은 오른쪽을 향해 발력(發力)한다. 권심(拳心)은 모두 비스듬하게 위로 향하고 눈은 우측(右側)을 바라본다. 얼굴은 서남쪽으로 향한다.

진소왕태극권(陳小旺太極拳)

[그림 8-364]

[그림 8-365]

[그림 8-366]

[그림 8-367]

[그림 8-368]

[그림 8-369]

[그림 8-370]

第 三十七 式 窩底大捉炮 (와저대착포)

구령 1 (그림 8-371~379) : 동작과 요령은 제삼십육식(第三十六式) 회두당문포(回頭當門炮)와 같다. 다만 보법(步法)과 선전(旋轉)하는 방향이 서로 반대가 된다. 얼굴은 동남쪽으로 향한다.

❖ 요점 : 회두당문포(回頭當門炮)와 와저대착포(窩底大捉炮)는 동작과 요령이 같다. 모두 크게 몸을 돌리고(대전신大轉身) 난 후에 머리를 돌려(회두回頭) 발경(發勁)하는 것이다. 동작이 숙련된 후에 다리를 들어 도약(跳躍)하는 도보(跳步)로 몸을 돌려도 되며 개보(開步)를 하면 바로 발경(發勁)한다.

[그림 8-371]

[그림 8-372]

[그림 8-373]

진소왕태극권(陳小旺太極拳)

[그림 8-374]

[그림 8-375]

[그림 8-376]

[그림 8-377]

[그림 8-378]

[그림 8-379]

[그림 8-380]

[그림 8-381]

第 三十八 式 腰攔肘 (요란주)

구령 1 (그림 8-380·381) : 왼손 주먹을 장(掌)으로 바꾸고 오른쪽 팔꿈치와 함께 밖으로 연다(개開). 동시에 오른발을 들어 올리고 눈은 전방(前方)을 바라본다.

구령 2 (그림 8-382·383) : 바로 이어서 허리(요간腰間)를 아래로 내려앉히고 과(胯)를 아래로 내려앉힌다. 오른발을 진각(震脚)을 하며 땅에 떨군다. 동시에 오른쪽 팔꿈치는 좌전방(左前方)을 향해 신속하게 쳐내고 왼손은 같은 속도로 오른쪽 팔꿈치를 맞이하여 친다. 눈은 우전방(右前方)을 바라본다.

❖ 요점 : 이 초식(招式)은 한번 개(開)하고 한번 합(合)을 하며, 한번 축경(蓄

[그림 8-382]   [그림 8-383]

勁)하고 한번 발경(發勁)을 한다. 개(開)는 깔끔하게 하여야 하고 합(合)은 온전(완정完整)하게 하여야 한다.

第 三十九 式 順攔肘 (순란주)

구령 1 (그림 8-384~387) : 몸을 먼저 오른쪽으로 돌리고 다시 약간 왼쪽으로 돌린다. 오른쪽 팔꿈치는 왼손을 이끌며 호(弧)를 그리며 위로 향하여 오른쪽 팔꿈치 밖으로 거두어들인다. 동시에 오른발을 들어 올린다. 눈은 우측(右側)을 바라본다.

구령 2 (그림 8-388~390) : 오른발을 옆으로 일보(一步) 열어내고 몸을 신속하게 오른쪽으로 돌리어 중심(重心)을 오른쪽으로 옮긴다. 왼발은 신속하게 근보(跟步)로 따라붙는다. 동시에 오른쪽 팔꿈치는 우측(右側)을 향해 발력(發力)하며 쳐내고 왼손은 오른손 손목을 받쳐 잡고 발력(發力)을 보조한다. 눈은 우측(右側)을 바라본다.

❖ 요점 : 송요원당(鬆腰圓襠)이 되도록 주의를 기울이고 발경(發勁)은 신속하고 맹렬하여야 한다.

노가이로(老架二路) – 제사단

[그림 8-384]

[그림 8-385]

[그림 8-386]

[그림 8-387]

[그림 8-388]

[그림 8-389]

[그림 8-390]

第 四十 式 窩底炮 (와저포)

구령 1 (그림 8-391) : 몸을 약간 오른쪽으로 돌리고 왼발을 들어 올린다. 동시에 오른손 주먹을 허허롭게 쥐고 앞으로 이끄는데 권심(拳心)은 뒤로 향하게 한다. 왼쪽 팔뚝은 되로 전개하고 권심(拳心)이 뒤로 향하게 한다. 눈은 전방(前方)을 바라본다. 얼굴은 서쪽으로 향한다.

구령 2 (그림 8-392·393) : 왼발을 허보(虛步)로 땅에 떨구고 이어서 오른발을 들어 올린다. 왼손 주먹을 내선(內旋)으로 돌리며 안쪽을 향해 호(弧)를 그린다. 양손은 가슴 앞에서 교차시키는데 손바닥이 모두 위로 향하게 한다. 눈은 전방(前方)을 바라본다.

[그림 8-391]

[그림 8-392]

[그림 8-393]

노가이로(老架二路) — 제사단

구령 3 (그림 8-394·395) : 오른발을 오른쪽을 향해 횡(橫)으로 일보(一步) 내고 몸을 신속하게 왼쪽으로 돌리고 중심(重心)을 빠르게 오른쪽으로 옮긴다. 동시에 오른손 주먹은 외선(外旋)으로 돌리며 오른쪽 바깥 아래를 향하여 옆으로 쳐낸다. 권심(拳心)은 아래로 향한다. 왼쪽 팔꿈치는 같은 속도로 안쪽을 향해 쳐낸다. 눈은 오른손 주먹을 본다. 얼굴은 남쪽으로 향한다.

❖ 요점 : 앞을 향해 상보(上步)하는 것은 영활(靈活)하게 해야 한다. 양손은 개(開)한 가운데 합(合)이 있어야 하고 합(合)한 가운데 개(開)를 하여야 한다.[10] 양쪽 팔뚝은 보법(步法)과 조화롭게 배합되어야 한다. 연습을 할 때 도약보(跳躍步)를 사용하여도 된다.

---

10) 개중유합, 합중유개 (開中有合, 合中有開.)

[그림 8-394]   [그림 8-395]

第四十一式 回頭井攔直入(회두정란직입)

구령 1 (그림 8-396) : 몸을 오른쪽으로 돌리고 중심(重心)을 오른쪽으로 옮긴다. 동시에 왼손을 주먹으로 바꾸고 오른손 손목의 아래로 찔러 넣는다. 양손 주먹은 손목을 교차시키고 권심(拳心)을 아래로 향하게 한다. 눈은 우하방(右下方)을 바라본다.

구령 2 (그림 8-397) : 몸을 계속 오른쪽으로 돌린다. 왼발은 몸이 오른쪽으로 도는 것을 따라 우측(右側)을 향해 일보(一步) 상보(上步)한다. 또는 도약보(跳躍步)로 해도 된다. 왼발 발끝은 안으로 당겨 잠근다. 얼굴은 서쪽으로 향한다.

구령 3 (그림 8-398~400) : 몸을 계속 오른쪽으로 돌리고 중심(重心)을 왼쪽 다리로 옮긴다. 오른발을 들어 우후방(右後方)을 향해 크게 일보(一步) 물러난다. 동시에 양손 주먹을 내선(內旋)으로 돌리며 앞을 향해 붕(掤)을 해낸다. 권심(拳心)을 안으로 향하게 한다. 얼굴은 동북쪽으로 향한다.

구령 4 (그림 8-401·402) : 몸을 약간 오른쪽으로 돌린다. 이어서 왼쪽 다리는 무릎을 구부려서 들어 올린다. 동시에 양손 주먹을 배 앞으로 거두어들인다. 눈은 전방(前方)을 바라본다.

구령 5 (그림 8-403·404) : 왼발을 좌전방(左前方)을 향해 일보(一步) 나간다. 이어서 몸을 신속하게 왼쪽으로 돌리고 중심(重心)을 빠르게 왼쪽으로 옮긴다. 몸을 따라 양쪽 팔꿈치를 돌리고 동

노가이로(老架二路) - 제사단

[그림 8-396]

[그림 8-397]

[그림 8-397 반면도]

[그림 8-398]

[그림 8-399]

[그림 8-399 정면도]

[그림 8-400]

[그림 8-400 정면도]

[그림 8-401]

[그림 8-401 정면도]

[그림 8-402]

[그림 8-402 정면도]

시에 좌상방(左上方)을 향해 발력(發力)한다. 눈은 전방(前方)을 바라본다. 얼굴은 북쪽으로 향한다.

❖ 요점 : 몸을 오른쪽으로 돌릴 때 보법(步法)이 연속되어야 하고 몸은 안정되어야 한다. 양손 주먹은 몸이 도는 것과 배합(配合)되어 전신이 조화를 이루고 발력(發力)이 완정(完整)하게 되어서 힘이 양쪽 팔꿈치의 끝까지 도달하여야 한다.

[그림 8-403]

[그림 8-403 정면도]

[그림 8-404]

[그림 8-404정면도]

第四十二式 金剛搗碓(금강도대)

(그림 8-405~416) : 동작과 요령은 제이식(第二式) 금강도대(金剛搗碓)와 같다.

[그림 8-405]

[그림 8-405 정면도]

[그림 8-406]

[그림 8-407]

[그림 8-408]

[그림 8-409]

진소왕태극권(陳小旺太極拳)

[그림 8-410]

[그림 8-411]

[그림 8-412]

[그림 8-413]

[그림 8-414]

[그림 8-415]

[그림 8-416]

노가이로(老架二路) — 제사단

第四十三式 收勢 (수세)

구령 1 (그림 8-417~419) : 오른손 주먹을 장(掌)으로 바꾼다. 양손은 동시에 양 옆으로부터 위를 향하여 나누어 벌린다. 장심(掌心)은 위로 향한다.

[그림 8-417]　　　　　　[그림 8-417 정면도]

[그림 8-418]　　[그림 8-418 정면도]　　[그림 8-419]

구령 2 (그림 8-420·421) : 양손은 앞으로 향하고 가슴 앞에서 안으로 거두어들인다. 장심(掌心)은 아래로 향한다.

구령 3 (그림 8-422) : 양손을 배 앞으로 내린다.

구령 4 (그림 8-423~426) : 중심(重心)을 오른쪽 다리로 옮기고 왼쪽 다리를 거두어들여 오른쪽 다리와 모아서 선다. 양손은 자연스럽게 몸의 양 옆에 내려뜨린다. 몸은 예비세(豫備勢)의 자세로 환원한다.

[그림 8-420]

[그림 8-421]

[그림 8-421 정면도]

노가이로(老架二路) - 제사단

[그림 8-422]

[그림 8-422 정면도]

[그림 8-423]

[그림 8-423 정면도]

[그림 8-424]

[그림 8-425]

[그림 8-426]

진소왕태극권 (陳小旺太極拳) Ⅱ

저자 : 陳小旺
번역 : 김완희・박종구

초판 1쇄 발행 : 2006년 3월6일

펴낸이 : 박종구
펴낸곳 : 도서출판 밝은빛,
편집 : 이돈민(팀디자인 02-3216-4636),
전화 : 02-534-9505
팩스 : 02-534-9583
주소 : 서울시 서초구 방배4동 814-7 보우 B/D 402호
정가 : 15,000원

ISBN 89-954302-9-X   04690 (Ⅱ)
　　　 89-954302-7-3   04690 (세트)

• 저자와의 협의하에 인지는 생략합니다.